HP Mayer

111 Orte in Heidelberg, die man gesehen haben muss

111

emons:

Bibliografische Information der Deutschen Nationalbibliothek
Die Deutsche Nationalbibliothek verzeichnet diese Publikation
in der Deutschen Nationalbibliografie; detaillierte bibliografische
Daten sind im Internet über http://dnb.d-nb.de abrufbar.

© Emons Verlag GmbH
Alle Rechte vorbehalten
© der Fotografien: HP Mayer
© Covermotiv: shutterstock.com/grmarc
Layout: Eva Kraskes, nach einem Konzept
von Lübbeke | Naumann | Thoben
Kartografie: altancicek.design, www.altancicek.de
Kartenbasisinformationen aus Openstreetmap,
© OpenStreetMap-Mitwirkende, ODbL
Druck und Bindung: CPI – Clausen & Bosse, Leck
Printed in Germany 2017
ISBN 978-3-7408-0246-2
Originalausgabe

Unser Newsletter informiert Sie
regelmäßig über Neues von emons:
Kostenlos bestellen unter
www.emons-verlag.de

Vorwort

Was wäre Heidelberg ohne sein Schloss? Millionen pilgern jährlich hinauf, Persönlichkeiten der Geschichte wurden nahezu magisch von seinem Reiz angezogen. Auch ich habe mir die Frage gestellt und bin ihr rund sechs Monate lang intensiv nachgegangen. Auf der Suche nach Orten, die einerseits Heidelberg ausmachen und andererseits etwas abseits der touristischen Trampelpfade liegen, habe ich ein anderes Heidelberg kennengelernt. Verträumt und ländlich. Historisch, aber auch hochmodern. Nachhaltig, ökologisch und innovativ. Während die Altstadt ihre Reize seit Jahrhunderten pflegt und hegt, entstanden anderswo völlig neue Stadtviertel wie die Bahnstadt oder moderne Wohngebiete auf altem Baugrund wie das Quartier am Turm. Der grüne Gürtel rund um die Stadt mit sanften Hügeln bis tief hinein ins Neckartal bietet einen einzigartigen Freizeitwert, endlose Wanderwege und atemberaubende Ausblicke.

Was mich jedoch am meisten beeindruckt hat, sind die Menschen. Nahezu jeder der Orte, die in diesem Buch beschrieben sind, ist mit den offenen und hilfsbereiten, neugierigen und auskunftsfreudigen Heidelbergern verbunden. Viele der Orte sind ihnen selbst zu verdanken. Erstaunlicherweise findet man diese Orte nicht nur in ihren Vierteln, sondern häufig im touristischen Zentrum – nicht der einzige Grund, warum sich auch viele Kapitel mit der Altstadt beschäftigen. Die anderen Orte tauchten eher zufällig auf, beim Spazieren durch fast jede Straße der Stadt, durch die Wälder und Wiesen und beim offenen Blick auf die romantische Stadt am Neckar.

Kommen Sie mit auf eine Reise zu den weniger bekannten Orten Heidelbergs, die ihren Reiz auf den ersten Blick, durch ihre Geschichte oder auf den zweiten Blick entfalten. Rasen Sie nicht von Ort zu Ort, sondern verweilen Sie und schauen Sie sich auch die Umgebung an. Es lohnt sich. Und am Ende habe ich keine Zweifel, dass es Ihnen wie mir ergeht: »Ich hab mein Herz in Heidelberg verloren.« Alla gut.

111 Orte

1___ Das achtfache Brückentor
Asiatisch mit gespiegelter Aussicht | 10

2___ Der Alien
Suche nach Überirdischem | 12

3___ Das »alla hopp!«
Sport- und Spielplatz für Jung und Alt | 14

4___ Der Anatomiegarten
Hommage an Robert Wilhelm Bunsen | 16

5___ Der Anger im Grenzhof
Wie vor über 1.000 Jahren | 18

6___ Die Angusrinderzucht
Rumpsteak von der Weide | 20

7___ Das Aquarium
Wassertiere zwischen Helden der Leinwand | 22

8___ Das Auktionshaus
Nachlass von Zarah Leander und anderen | 24

9___ Der Backofen im Museum
Genau so lebten wir früher | 26

10___ Der Barbier
Mit der Klinge geht es los | 28

11___ Die Bienenstöcke
Was wäre die Welt ohne Blumen? | 30

12___ Der Biergarten
Essen einfach selbst mitbringen | 32

13___ Das Bolero
Kaufladen der schönen Dinge | 34

14___ Die Breidenbach Studios
Co-Working, Co-Kultur und Co-Feste | 36

15___ Der Brennkessel
Gin vom Heidelberger Dachsbuckel | 38

16___ Das Brückchen
Ort der Herzensschmerzen Eichendorffs | 40

17___ Der Brunnen mit Aussicht
Wasserspiele zu Ehren Sebastian Münsters | 42

18___ Der Cabrio-Bus
Neuer Blick auf Altbekanntes | 44

19___ Das Café im IZ
Internationale Begegnungen in der Tabakfabrik | 46

20___ Das Dezernat 16
Live-Dauerausstellung mit arbeitenden Künstlern | 48

21___ Der Eichwald
Eine Liebeserklärung an den deutschen Baum | 50

22___ Der e-Lastenradladen
Mit acht Kindern auf einem Rad | 52

23___ Die Elefanten-WG
Die erste eigene »Wohnung« der Jungtiere | 54

24___ Die Engel des Baumeisters
Von einem tragischen Familienschicksal | 56

25___ Der Erlebniswanderweg
Hier fängt Deutschland an, Italien zu werden | 58

26___ Das Fährhaus
Ein Seil über dem Neckar | 60

27___ Das Fitnessstudio für lau
Ein Hauch von Brasilien | 62

28___ Das Forum für Kunst
Kostenlose Werkschau für alle | 64

29___ Das Fuchsrondell
Wetterunabhängige Ausblicke | 66

30___ Der Garten der Stille
Meditation und Blumenpracht | 68

31___ Der gepflasterte Uferweg
Einer der schönsten Spaziergänge der Stadt | 70

32___ Der Ginkgo-Baum
Mahnmal für Frieden und Umweltschutz | 72

33___ Das Grab des Soldaten
Über 20 Kilometer steile Wege und Geschichten | 74

34___ Die Grenzwerker
Liebschaften aus Holz, Metall und Stoffen | 76

35___ Die Gutleuthofkapelle
Heiraten. Beten. Pilgern. Wie vor 600 Jahren. | 78

36___ Die Hans-Thoma-Bilder
Glaube und Finsternis | 80

37___ Das Heart & Soul
Lebendige Kirche mit Verkaufsraum | 82

38___ Die Heidelberg-Fotos
Panoramen und Bilder wie gemalt | 84

39 — Der Heilkräutergarten
Auf die Dosis kommt es an | 86

40 — Der Highway der Studenten
Autofrei quer durch die Stadt | 88

41 — Die Himmelsleiter
Das »Must-have« für kernige Heidelberger | 90

42 — Die Hochebene
Innenhof mit Aussicht | 92

43 — Die Hochwasseranzeige
Oder das Ende der Alten Brücke | 94

44 — Der Imbiss von Hakim
Kult-Spareribs mit philosophischer Beilage | 96

45 — Der Kaffeeflüsterer
Bitter und rauchig war gestern | 98

46 — Der Keltenweg
Erste Heidelberger Hochkultur | 100

47 — Die Kinderbücherei
Paradies nicht nur für Leseratten | 102

48 — Das Kirchheimer Loch
Launen des Menschen und der Natur | 104

49 — Der Kroddeweiher
Ein malerisches Paradies | 106

50 — Der Kulturbahnhof
Kommen und gehen am Karlstor | 108

51 — Der Kümmelspalter
Vom geizigen Wirt und einer Etage darüber | 110

52 — Der Laden ohne Packungen
Ein Beitrag gegen Plastikmüll | 112

53 — Die Leitstelle
Galerie und Wohnzimmer | 114

54 — Die Luftbildausstellung
Heidelberg aus der Vogelperspektive | 116

55 — Das Mahnmal am Turm
Geprägt von Zwangsarbeit und Musik | 118

56 — Der Mammutbaum
Und der Vergleich mit seinem riesigen Vorfahren | 120

57 — Mandy's Railway Diner
Amerikanische Kultur im Eisenbahnwaggon | 122

58 — Der Märzgassen-Hattrick
Junges Gemüse, Suppe, Pizza | 124

59   Das Muck-Denkmal
Ein waschechtes Heidelberger Original | 126

60   Die Oase am Danteplatz
Ruhe finden unter Nachbarn | 128

61   Die Obstbäume
Wandern am Bächenbuckel wie im Paradies | 130

62   Das offene Atelier
Künstler und ihre Werke zum Anfassen | 132

63   Das Offene Gartentor
Gemeinsam säen, gemeinsam ernten | 134

64   Der Osterhasenweg
Schöne Wege mit Schokoladengeschmack | 136

65   Die Panoramastraße
Zeitgenössisches und modernes Wohnen am Waldesrand | 138

66   Das Perkeo
Ein kleiner, lustiger Alter | 140

67   Der Pfisterer Obstgarten
Ein Hauch von Christo über den Apfelbäumen | 142

68   Das »primitive« Kunsthaus
Hier kann man seine Fähigkeiten entfalten | 144

69   Die Quilt-Sammlung
Eine amerikanische Geschichte | 146

70   Der Rad(hinter)hof
Nicht wegwerfen, lieber reparieren (lassen) | 148

71   Das Recyclingkaufhaus
Verschenken und verkaufen statt wegwerfen | 150

72   Der Rentnerweg
Alte Bahnstrecke neu genutzt | 152

73   Das Rizal-Ufer
Vom Fischerdorf zum Wehrsteg | 154

74   Die Romantikwiese
Ein bisschen wie fliegen … | 156

75   Das Schlösschen
Wo einst Kaiser und Zaren verkehrten | 158

76   Die Schnitzelbank
Wein aus Fässern, Essen auf der Bank | 160

77   Das schönste Fenster
Die bislang nicht erwähnte Sehenswürdigkeit | 162

78   Der Schulplatz
Wie bei Michel aus Lönneberga | 164

79 — Das Schwarzlicht-Minigolf
Reale und virtuelle Herausforderungen | 166

80 — Der Schweizerweg
Von römischen und Schweizer Einwanderern | 168

81 — Die Senf-Manufaktur
Jetzt klappt's auch mit dem Grillen | 170

82 — Der Skulpturenpark
Zur Ruhe und zu sich selbst finden | 172

83 — Die Skylab-Terrassen
Ein Platz in der Zukunft | 174

84 — Die Sonnenseite
Vom vielleicht schönsten Weinberg des Landes | 176

85 — Der Spielkunstplatz
Viel mehr als Rutschen und Schaukeln | 178

86 — Der stehende Zug
Schaukeln und balancieren im ICE | 180

87 — Die steilste Rutsche
Rasende Bewegung contra Bewegungsverbot | 182

88 — Die Strebergarten-Route
Eine Liebeserklärung an die Altstadt | 184

89 — Das Stuhlmuseum
Ein alter Brauch wird integriert | 186

90 — Die Synagoge
Wie die Uni von der Judenvertreibung profitierte | 188

91 — Das Tagelöhner-Haus
Das vielleicht einfachste Haus Heidelbergs | 190

92 — Die Tanzvilla
Platz zum Feiern selbst geschaffen | 192

93 — Das Taufbecken
Freiraum direkt unter dem Papst | 194

94 — Die Tischtennisplatten
Motorik-Schule nicht nur für Kinder | 196

95 — Die Toilette im Hallenbad
Kein Abgang mit Schuhwerk | 198

96 — Die Töpferwerkstatt
Mit den Händen formen und gestalten | 200

97 — Der Tretbootverleih
Eine Seefahrt, die ist lustig | 202

98 — Der Troll
Norddeutsche Liebesgeschichte mit wilden Haaren | 204

99 ____ Das Völkerkundemuseum
Buddha und die unbekannte Frau | 206

100 ____ Die Vollkornbäckerei
Und von Jim Knopf und Lukas dem Lokomotivführer | 208

101 ____ Die Wanderfalken
Auf 38 Metern über den Dächern der Stadt | 210

102 ____ Das Wandkreuz der Arche
Die Mitte der Spiritualität | 212

103 ____ Der Waschsalon
Musik und Unterhaltung beim Schleudergang | 214

104 ____ Der Wasserfall
Allein im grünen Idyll | 216

105 ____ Des Wassermeisters Haus
Leben mit und am Wasserturm | 218

106 ____ Das Weinloch
Zwischen Kult und trüben Augen | 220

107 ____ Die Weinstube Jägerlust
Hausgemachtes »Weltklasse-Weingut« | 222

108 ____ Die Wiesen des Stadions
Schönes Land für Hasen und Spaziergänger | 224

109 ____ Der Wolfsbrunnen
Romantik pur | 226

110 ____ Der Wolfshöhlenweg
Ausgangspunkt und Schlussakkord für Jurastudenten | 228

111 ____ Das Zupfgeigenhansl-Haus
Ein Hoch auf das Volkslied | 230

1 — Das achtfache Brückentor
Asiatisch mit gespiegelter Aussicht

»O Captain! My Captain!«, riefen die Schüler im Hollywood-Drama »Der Club der toten Dichter«. Der unvergessene Robin Williams verkörperte die Rolle des Lehrers John Keating, der in den 1960er Jahren unkonventionelle Methoden und Perspektivwechsel empfahl, um sich aufs Leben vorzubereiten. So standen sie nach der Entlassung ihrer Lieblingslehrkraft am Ende des Streifens auf den Tischen und protestierten gegen die steife Schulpolitik.

»Perspektivwechsel« lautet auch die Empfehlung von Andreas Altmann, dem wohl besten deutschen Reisejournalisten. Der in Paris lebende Autor wird nicht müde, gegen den Massentourismus zu protestieren und »echtes Reisen« zu empfehlen. Das gelang mir am Grand Canyon, als Tausende Touristen aus den Bussen eilten, im Laufen schon die Kameras im Anschlag, und just an der Stelle schauten, an der sie angekommen waren. Einen guten Kilometer entfernt war ich allein, nach zwei außer Sicht- und Hörweite.

Letzteres wird an der berühmten Alten Brücke kaum gelingen. Bis in die Nacht werden Selbstporträts mit Brückenaffe oder Schloss geschossen.

Wenn Sie es keinem weitererzählen, verrate ich Ihnen das Geheimnis des Malers Carl Alois Sambale: In der nur einen Steinwurf entfernten Haspelgasse werden asiatische Gerichte zubereitet. An den in acht Karos geteilten Sprossenfenstern an der Front des Lokals sind die Glasscheiben gewölbt und verzerren die darin sichtbare Umgebung – wie bei einem Zerrspiegel. Geht man die wenigen Schritte von der Menschenmenge an der Alten Brücke weg und stellt sich vor das Restaurant, verändert sich die Perspektive. Je nach Standort, Körpergröße und Blickwinkel tauchen acht immer wieder neue kleine Bilder auf, die das Brückentor zeigen. Mal klein und gestaucht, dann lang und an einen Leuchtturm erinnernd. Wer hier die Kamera zückt, erhält ein kunstvolles Foto und die Bewunderung der Betrachter: Oh Käpt'n, mein Käpt'n.

Adresse Asia Restaurant, Haspelgasse 2, 69117 Heidelberg-Altstadt, Tel. 06221/29713, www.asiaheidelberg.de | **ÖPNV** Haltestelle Alte Brücke der Buslinien 35, M 4, M 5, quasi vor der Haustür | **Anfahrt** wenige Parkmöglichkeiten am Straßenrand, Parkhäuser Karlsplatz oder Kornmarkt rund 400 Meter entfernt | **Öffnungszeiten** Fenster durchgehend, Restaurant täglich 12 – 15 und 18 – 23 Uhr | **Tipp** Die Alte Brücke kann man wunderschön zusammen mit der Altstadt und dem Schloss aus der Vogelperspektive vom Philosophenweg aus sehen. Den Standort für die beliebten Fotomotive erreicht man ab der Bushaltestelle Alte Brücke Nord direkt am Neckarufer über den steilen Schlangenweg.

2 Der Alien
Suche nach Überirdischem

Außerirdisches Leben fasziniert uns seit »Raumschiff Enterprise« oder »Orion«. Immer wieder werden unbekannte Flugobjekte identifiziert. Nach der Erfindung der Flugdrohne nehmen diese Meldungen zu. Verschwörungstheoretiker pilgern zu den Stätten und skizzieren Untergangs- oder Übernahme-Szenarien für die Erde. Es gibt nicht wenige, die angeben, von einem Ufo entführt worden zu sein oder mit Wesen aus dem All gesprochen zu haben.

Wissenschaftler nähern sich dem Thema seriöser. Doch auch sie lieferten bislang noch keine hieb- und stichfesten Beweise für außerirdisches Leben. Am Heidelberger Max-Planck-Institut für Astronomie konzentrierte sich Ralph Pudritz von der kanadischen McMaster-Universität auf einen Ausschnitt der unendlichen Welten, in dem er Leben im All für wahrscheinlicher hält als anderswo. Doch es bleibt vorerst der Filmindustrie vorbehalten, mit Phantasie und Spezialeffekten eine Verbindung zu vermeintlichen Lebewesen auf anderen Planten – zu den Aliens – herzustellen.

Dabei könnten alle von Jerry lernen. Er hat im digitalen »Aliencenter« mitgeteilt, dass er schon als Kind real erscheinende Träume hatte, in denen eine Frau ihn zu ihrer fliegenden Untertasse für eine Flugrunde mitnahm. Da war Jerry sechs Jahre alt. Zwei Jahre später flog er in seinen Träumen allein ins Weltall. Mit 13 Jahren stand er mit einem Freund auf dem Treppenbalkon eines Hochhauses und entdeckte erstmals ein orangegelbes Licht, das sich zickzackartig am Himmelszelt über Heidelberg bewegte.

Noch gab es Zweifel. Vielleicht doch ein Hubschrauber der U.S. Army? Es folgten weitere Sichtungen mit anderen Freunden und auch Begegnungen mit Wesen in silbernen Anzügen, über zwei Meter groß.

Und nachdem ich das gelesen habe, bin ich mir sicher: Eines davon wurde gefangen, ausgestopft und steht nun im Vorgarten eines Vierparteienhauses am Steigerweg. Schauen Sie selbst.

Adresse Steigerweg 47, 69115 Heidelberg-Altstadt | **ÖPNV** Haltestelle Steigerweg der Buslinie 35, von dort rund 50 Meter bergab | **Anfahrt** sehr wenige Parkplätze am Straßenrand | **Öffnungszeiten** von der Straße aus durchgehend zu sehen (nicht klingeln) | **Tipp** Im Rahmen von Führungen und Veranstaltungen kann man das »Haus der Astronomie« auf dem Königstuhl besuchen. Die interessanten Führungen beinhalten zusätzlich den Besuch des Max-Planck-Instituts und der Sternwarte. Unter den Veranstaltungen sind Vortragsreihen wie »Das geheime Leben der Galaxien«, »Die Vermessung der Milchstraße« oder »Die Geburt der Sterne« (www.hda-hd.de).

3 Das »alla hopp!«
Sport- und Spielplatz für Jung und Alt

Unter uns: Man kann Dietmar Hopp mögen oder nicht. Viele Fußballfans kritisieren seinen Dorfverein, der die Vormachtstellung der traditionellen Dauergäste in der Bundesliga angegriffen hat. Da hilft es auch nicht, dass die TSG Hoffenheim bereits 1899 gegründet wurde. Doch Dietmar Hopp ist nicht nur Fußballmäzen, er ist mehr. Seine Firma SAP war und ist sehr erfolgreich. Das Geld mache ihn unabhängig, so sagt er. Und das bedeutet für ihn die Freiheit, seiner Überzeugung zu folgen und sozialen Verpflichtungen nachzugehen.

Das Ergebnis ist die Dietmar-Hopp-Stiftung, die sich in den Bereichen Sport, Medizin, Soziales und Bildung engagiert. Und da Hopp ein heimatverbundener Mensch ist, setzt er seine Förderungen vor allem im Rhein-Neckar-Raum um. Auch in Heidelberg. Die Stiftung hilft krebskranken Kindern und älteren Menschen, fördert die Mobilität und setzt sich sogar für die Gesundheit von 100-Jährigen ein. Zahlreiche Sportstätten wurden geschaffen und dabei stets nachhaltige Konzepte entwickelt. Die Ruprecht-Karls-Universität in Heidelberg ist seit Jahren die beste im Land, das Universitätsklinikum genießt einen erstklassigen Ruf – auch ein Stück weit, weil die Hopp-Stiftung dort zahlreiche Projekte initiiert und unterstützt.

In Heidelberg baute die Stiftung ein »Bewegungsparadies für alle Generationen«. Der pfiffige Name: »alla hopp!«. An insgesamt 19 Standorten der Region entstanden oder entstehen diese riesigen Sport- und Spielplätze. Bewegungsparcours, Laufbahn, Streetballplatz, Trampolin, Mikadowald, Trinkwasserbrunnen, Slackline, Klangschaukeln, Seilbahn und vieles mehr. Auch an Toiletten, eine E-Bike-Ladestation und einen Hundebereich wurde gedacht. Und das Einmalige: Alle Generationen können hier kostenlos toben, spielen, turnen, rennen, balancieren oder auf einer der vielen Bänke und Wiesen ausruhen. Ein weltweit einzigartiges Konzept.

Adresse Harbigweg 11, 69124 Heidelberg-Kirchheim | **ÖPNV** Haltestelle Harbigweg oder Gregor-Mendel-Realschule der Buslinie 33, von dort jeweils 300 bis 400 Meter | **Anfahrt** wenige Stellflächen am Gelände, größere Parkplätze am Messplatz oder an den Sportanlagen Süd | **Öffnungszeiten** täglich 8–22 Uhr | **Tipp** Auf dem Königstuhl liegt der Freizeitpark »Märchenparadies«. Unterhaltung und Spaß erleben Kinder an vielen Stationen, zum Beispiel beim Lügenbaron Münchhausen, im Bällebad, auf der Drachenburg, in der Crazy World oder beim Hüpfkissenspringen (www.maerchenparadies.de).

4 _ Der Anatomiegarten
Hommage an Robert Wilhelm Bunsen

Heidelberg hat viele Erfinder und Pioniere der Wissenschaft hervorgebracht. Sei es unter den Einwohnern, den Studierenden und Professoren oder den Besuchern, die eine Zeit in der Neckarstadt verbracht haben. Ich mag Karl Drais, der das Fahrrad erfunden hat, das heute noch das Stadtbild prägt. Sein eigenes parkt im Kurpfälzischen Museum, in das Sie nicht hineingehen müssen, um es zu sehen. Ein Blick durch eine Scheibe im Durchgang zum Hof genügt. Hut ab vor Felix Wankel, der den nach ihm benannten Motor entwickelte. Erwähnenswert ist auch Erich Fromm, der Meilensteine in der Psychologie setzte. Und nicht zuletzt Jörg Siekmann, der sich schon früh mit den Herausforderungen künstlicher Intelligenz auseinandersetzte. Alle haben ihre Spuren hinterlassen, und allen gedenkt die Stadt mit Museen, Denkmälern und anderen Erinnerungshilfen.

Robert Wilhelm Bunsen, den wir alle indirekt im Chemieunterricht beim Hantieren mit dem Bunsenbrenner kennengelernt haben, steht seit 1908 in Übergröße im Anatomiegarten an der Hauptstraße. Die Liste seiner Erfolge und Entdeckungen ist lang: Dank ihm können wir mittels Spektralanalyse chemische Elemente nachweisen. Er separierte Metalle wie Chrom, Magnesium oder Lithium. Letzteres ist bekanntlich in jedem unserer Handys mittlerweile in praktischer Anwendung. In einem Nachruf soll sein Schüler Henry Enfield Roscoe gesagt haben: »Als Forscher war er großartig. Als Lehrer sogar noch großartiger. Als Mensch und Freund war er der Größte.«

Hinter seiner Bronzestatue steht der Friedrichsbau, in dem Bunsen selbst experimentierte und – zum Vergnügen der bis zu seinem Ende als Dozent rund 3.000 Studenten – ab und an auch Explosionen verursacht hat. Vor der Statue stehen und sitzen häufig Straßenmusikanten, ab und an spielt eine Band. Und besonders lebhaft wird es im Advent: Dann findet hier der Heidelberger Weihnachtsmarkt statt.

Adresse Hauptstraße 49, 69117 Heidelberg-Altstadt | **ÖPNV** am einfachsten zur Haltestelle Bismarckplatz der Bus- und Straßenbahnlinien 5, 9, 21, 22, 23, 25, 29, 31, 35 und M1 bis M5, von dort rund 400 Meter durch die Fußgängerzone | **Anfahrt** Parkhaus in der Unteren Neckarstraße 2, von hier rund 250 Meter | **Öffnungszeiten** durchgehend | **Tipp** Strohauer's Café Alt mit Blick auf Herrn Bunsen gleich nebenan macht gute Laune, wie ein Gast auf Facebook bestätigt: »Gemütlich mit königlichem Ambiente, nettem Personal und Kaffee und Kuchen von schmackhafter Qualität.« Dem ist nichts hinzuzufügen.

5 Der Anger im Grenzhof
Wie vor über 1.000 Jahren

Bereits im Jahr 771 wurde der Grenzhof in den Chroniken des Klosters Lorsch erwähnt. Zwischenzeitlich nutzten die Mönche das Anwesen als klösterlichen Bewirtschaftungsbetrieb. Heidelberg, die heute übermächtige Schwester, bestand zu dieser Zeit aus wenigen Fischerhütten. Der kleine, zu Wieblingen gehörende Häuserwurf hat sich seit damals wenig verändert. Rund um den mit Gras bepflanzten Dorfplatz stehen Hof- und Hirtenhäuser mit Scheunen, Werkstätten, einem Hotel und einem Café. Dazwischen historische Höfe. Hier stellt man sich lebendiges Dorfleben vor vielen Jahrhunderten vor. Feste in den Höfen. Tanz auf dem Dorfplatzrasen. Herumtollende Kinder. Wild, das auf dem Grill brutzelt. Irgendwo spielt eine Musikkapelle. »Klassizistisch« nennt das Denkmalschutzamt dieses Ensemble rund um den lang gezogenen zentralen Anger. Ein Idyll, in dem 1786 gerade einmal 15 Familien lebten. Heute sind es kaum mehr, die aber laden zum Teil zum Besuch ein.

In der Gutsstube, der zur Eventlocation umgebauten Scheune und dem Biergarten des Hotels und Restaurants Grenzhof spürt man noch diesen mittelalterlichen Charme. Die Küche gilt als gehoben, die Weinkarte hat internationales Flair. Hier wird geheiratet, Geburtstag oder ein rundes Jubiläum gefeiert. Die Betreiber sind sich ihrer Verantwortung für die Erhaltung der historischen Stätte bewusst, sie nutzen den Strom der eigenen Solaranlage und heizen ausschließlich mit nachwachsenden Rohstoffen. Für die Gerichte bringen weitgehend regionale Lieferanten die Zutaten.

Gegenüber, im Landcafé Walnuss, kann man auch mit kleinerem Geldbeutel Platz nehmen. 300 Jahre ist der heute noch Ackerbau betreibende Bauernhof alt. In der alten Schnapsbrennerei, einem angebauten Wintergarten oder unter dem namensgebenden großen Walnussbaum werden Kuchen, Torten und Eis serviert. Hier toben die Kinder wie früher auf dem Spielplatz im Hof.

Adresse Grenzhof 1–12, 69123 Heidelberg-Wieblingen | **Anfahrt** Anfahrt über Wieblingen und Eppelheim, viele Parkplätze rund um den Anger | **Öffnungszeiten** Restaurant Grenzhof: Mo–Sa ab 18 Uhr, Biergarten ab 15 Uhr, im Wintergarten zusätzlich Mo–Fr 12–14.30 Uhr Lunchbüfett; Café Walnuss: Fr, Sa 14–18 Uhr, So und Feiertage 11–18 Uhr | **Tipp** Einige Kilometer westlich liegt der herrliche Rheinauer See mit einer einmaligen Wakeboard-Anlage. Die Betreiber gehören zu den besten, die Deutschland zu bieten hat, sie veranstalten Kurse und ermöglichen freies Gleiten durch das Wasser (www.wakeboarding-mannheim.de).

6 Die Angusrinderzucht
Rumpsteak von der Weide

Wir Deutschen lieben Fleisch. Wir essen doppelt so viel davon wie der Durchschnitt der Weltbevölkerung. Die liebste Zubereitungsart ist das Grillen – im heimischen Garten oder auf dem Balkon. Dabei darf das Steak oder die Wurst auch mal etwas teurer sein – auf die Qualität kommt es uns an. Das beste Fleisch der Welt kommt laut Experten vom Kobe-Rind aus Japan. Der Legende nach hat dieses pechschwarze Augen, wird von den Viehbauern mit Sake eingerieben, trinkt Bier und hört klassische Musik.

In der Pfanne oder auf dem Grill sieht man in Deutschland eher selten ein Stück des Kobe-Rindes. Das »deutsche Kobe« heißt Angus und stammt ursprünglich aus Schottland, wo es Aberdeen-Angus genannt wurde, und nicht aus Japan. Erstklassiges Angus-Rindfleisch aus Argentinien, den USA, Australien und Deutschland bekommt man in gut sortierten Metzgereien. Zum Beispiel aus der eigenen Zucht des Bierhelderhofes auf dem Ameisenbuckel. Auf der Anhöhe mit herrlichen Ausblicken weiden die Bierhelderrinder. Beinahe majestätisch stehen und spazieren die erwachsenen Tiere auf den weitläufigen Wiesen, grasen und scheinen die Sonne zu genießen. Die jungen Kälber wachsen bei der Mutter auf. Es ist ein Spektakel, wenn sie miteinander spielen, herumtollen und laut durcheinandermuhen. Dann tut es einem fast ein wenig leid, dass Angus-Rindfleisch so beliebt ist. Die Zuchtbullen von Peter Schumacher gewinnen reihenweise Preise und werden höchstbietend an andere Züchter verkauft. Für das Fleisch reisen Fans und Köche von weit her an. Am besten schmeckt es im Biergarten auf dem eigenen Gutshof, zum Beispiel als Rumpsteak vom Grill mit Kräuterbutter. Wer es lieber zu Hause vom eigenen Grill im Garten oder auf dem Balkon genießen will, geht in den Hofladen. Dort bekommt man auch Leberwurst, Schwartenmagen, Griebenwurst, Bratwurst, Maultaschen, Eier oder Birnenschnaps aus eigener Herstellung.

Adresse Bierhelderhofweg 1, 69117 Heidelberg-Altstadt, Tel. 06221/22827, www.bierhelderhof.de | **ÖPNV** Haltestelle Bierhelderhof der Buslinie 39 | **Anfahrt** vom Zentrum über Rohrbacher Straße und Steigerweg den Schildern »EMBL« folgen, Parkplätze auf dem Hof | **Öffnungszeiten** Rinderweiden durchgehend, Gastronomie, Di–So 10–22 Uhr | **Tipp** Bei so viel Fleisch darf ein Tipp für Vegetarier nicht fehlen. Bei »red – die grüne Küche« in der Poststraße 42 gibt es montags bis samstags von 11.30 bis 22 Uhr abwechslungsreiche Biokost – auch zum Mitnehmen in Schalen aus Chinagras.

7 Das Aquarium
Wassertiere zwischen Helden der Leinwand

Heidelberg wartete im Sommer 2017 auf sein neues Kino. Seit 2002 hatten »Lux-Harmonie«, »Kammerlichtspiele«, »Schlosskino« und »Studio Europa« schließen müssen, nur das »Gloria/Gloriette« und die »Kamera« zeigten noch die internationalen Programme der Filmindustrie. Nun haben in der Bahnstadt 1.800 Besucher barrierefrei Platz, und die Blockbuster laufen hoch und runter. Das klassische amerikanische Kino-Erlebnis mit literweise Cola und riesigen Popcornportionen ist nicht jedermanns Sache. Bleibt zu hoffen, dass die kleineren Lichtspielhäuser mit ihrem tiefsinnigeren Angebot am Leben bleiben und demnächst für jeden Kinogänger ein passendes Programm auf den Leinwänden flimmert.

Mit dem Bahnstadt-Kino kam eine weitere Attraktion in die Stadt. Im Foyer des Filmtheaters steht ein neun Meter hoher Betonquader. Darin rechteckige Bullaugen. Rund 450.000 Liter Meerwasser liefern den Lebensraum für unzählige Lebewesen. Viele wurden von ihren bisherigen Besitzern abgegeben. Zu groß oder zu lästig waren sie geworden. Aus Fehlimporten stammen die anderen Bewohner. Angedacht ist, die Fische an interessierte Tierfreunde weiterzureichen. Fachkundige Mitarbeiter kümmern sich um artgerechte Haltung und Fütterung. Ein Tierarzt ist abrufbereit. Geplant und umgesetzt hat das riesige Aquarium der Fischimporteur und Buchautor Peter Faltermeier. Er weiß, dass beim Fischtransport Fehler passieren. Falsche Bestellungen oder fehlgeleitete Importe werden nun in Heidelberg am Leben erhalten. Für die Tiere ist dies die Rettung und – wenn man so will – der Umzug in eine Luxuswohnung. Das Glas des modernen Aquariums reduziert das Blitzlicht der Fotografen und verhindert die Schallübertragung ins Innere. Sogar eine Baby- und Aufzuchtstation und ein Quarantäne-Becken gehören zur Ausstattung. Das Kino ist da.

Jetzt wartet Heidelberg, dass mal ein Hai am Fenster vorbeischwimmt.

Adresse Eppelheimer Straße 6, 69115 Heidelberg-Bahnstadt, Tel. 0152/24909009, www.luxor-kino.de | **ÖPNV** Haltestelle Czernybrücke Süd der Buslinien 22 und M2 | **Anfahrt** viele Parkplätze am Kino | **Öffnungszeiten** während der Filmvorführungen zu besichtigen | **Tipp** Cineasten freuen sich über das nicht gewerbliche Filmangebot im Kulturhaus »Karlstorbahnhof«. Die Betreiber bieten Seminare, Retrospektiven und Streifen, die man gesehen haben muss. Nachwuchsfilmemacher der Region zeigen beim Festival »Zum Goldenen Hirsch« ihre Produktionen (www.karlstorkino.de).

8 Das Auktionshaus
Nachlass von Zarah Leander und anderen

»Zum Ersten, zum Zweiten und zum Dritten. Der Wabenpokal aus dem 18. Jahrhundert geht an die Nummer 37.« Versteigerungen sind nicht erst seit eBay eine beliebte Möglichkeit, »altes Zeug« loszuwerden. Die weltweit bekanntesten Auktionshäuser »Sotheby's« und »Christie's« versteigern sehr begehrte »alte Sachen«. Hier gehen Gemälde großer Meister für 100 Millionen Euro und mehr über den Tisch. Wer etwas auf sich hält und etwas Herausragendes anzubieten hat, ist bei den beiden Londoner Unternehmen goldrichtig.

Das Heidelberger Auktionshaus heißt Metz. Heinrich Winnikes startete 1907 am Fischmarkt im »Lädchen 21« mit dem Antiquitätenhandel. Vier seiner sieben Kinder taten es ihm gleich und eröffneten weitere Geschäfte. Eines davon war Gisela Winnikes. Sie heiratete Julian Metz und eröffnete mit ihm den Kunsthandel Metz. Vor über 50 Jahren.

Wie im Museum stehen poliertes Geschirr, Silberbestecke, Schränke mit Schnitzereien, Stühle, Bilder, Antiquitäten und mehr in Vitrinen oder in Reih und Glied in dem geräumigen Laden. In den Schaufenstern lassen hinter festen Eisengittern die vielen Silberobjekte, die man auch ohne Auktion erwerben kann, die wertvollen Schätze erahnen. Das Inventar eines ganzen Weingutes kam hier schon unter den Hammer. Und ein Teil des Nachlasses von Zarah Leander. Ein Porzellanpaar aus dem Jahr 1770 brachte einen Erlös von 220.000 D-Mark. 2009 meldete sich ein Käufer für 52 Meißner-Figuren und blätterte stolze 653.000 Euro auf den Tisch. Der Ablauf ist immer gleich: Es gibt einen Katalog mit allen Objekten der nächsten Auktion. Darin zum Beispiel ein »vierschubiges, doppelt geschweiftes Kommodenunterteil mit einem zurückgesetzten Aufsatz mit Tabernakeltür«. Dann geht es schnell: Hände gehen in die Höhe. Der Auktionator nennt die steigenden Zahlen, und wenn keiner mehr mitmacht, heißt es wieder: zum Ersten, zum Zweiten und zum Dritten.

Adresse Friedrich-Ebert-Anlage 3–5, 69117 Heidelberg-Altstadt, Tel. 06221/23571, www.metz-auktion.de | **ÖPNV** Haltestelle Friedrich-Ebert-Platz der Buslinien 31 bis 33 und M 2 bis M 5, von dort 200 Meter | **Anfahrt** Parkhaus P10 Friedrich-Ebert-Platz | **Öffnungszeiten** Mo – Fr 10 – 18.30 Uhr, Sa 10 – 13 Uhr | **Tipp** Von der Friedrich-Ebert-Anlage zweigt der Riesensteinweg (etwa 250 Meter von Metz entfernt) in den Wald ab. In Serpentinen geht es steil bergauf zum Riesenstein, an dem Kletterer und Fotografen ihre Freude haben.

9 Der Backofen im Museum
Genau so lebten wir früher

Großmutters Zeiten werden im Heimatmuseum lebendig. In einer einzigartigen Sammlung in den ehemaligen Backstuben des Café Berg könnte eine Familie leben. In der »Schloofstubb« stehen noch die Pfannen unter dem Doppelbett. Nachthemden mit Initialen erzählen ihre persönlichen Geschichten. Nebenan in der »Gut Stubb« würde man sich nicht wundern, wenn gleich die Oma mit dem Vorlesen beginnt. Auf dem Weg aus dem Obergeschoss des Hinterhauses ins Vorderhaus möchte man im Kinderzimmer am liebsten mit der Puppenstube spielen. Einst wurde hier wohl das Mehl weit entfernt von Mäusen aufbewahrt. Unten geht es durch einen Raum mit Exponaten alter Berufe hindurch in die »Backstubb«. Das Prunkstück der Ausstellung, ein alter, gemauerter und mit Fliesen verkleideter Großbackofen, steht dort. Wenn das Licht im Inneren angeht, sieht man das Ende der langen Brotschieber, auf denen das Backwerk vom Meister in den heißen Schlund geschoben wurde.

Im vorderen Teil sind die gesammelten Werke der Rohrbacher Geschichte ausgestellt. Sie erzählen von der Zeit der Eichendorff-Brüder, von der alten Zigarrenfabrik, der Fuchs'schen Waggonfabrik, der »Traitteur'schen Wasserleitung«, die einmal Wasser durch eine tönerne Pipeline bis Mannheim bringen sollte, und von den Rohrbacher Gebäuden, Familien, Sitten und Sagen. Ein Kauflädchen mit ganz vielen alten Verpackungen beendet den Rundgang. Einmalig sind aber nicht nur diese Ausstellungsräume, sondern auch die Menschen, die sie ausgestattet haben. Seit der ersten Idee 1966 haben viele Verantwortliche mit angepackt. Die Rohrbacher haben ihre Speicher und Keller durchforstet und Sachen zum Einschätzen und Ausstellen gebracht. Es ist ein Rohrbacher Heimatmuseum von Rohrbachern für Rohrbacher – und immer mehr auch für Besucher. »Museumsdirektor« Gustav Knauber freut sich über 800 bis 1.000 Interessierte jedes Jahr. Sie sollten dazugehören.

Adresse Rathausstraße 76, 69126 Heidelberg-Rohrbach, Tel. 06221/315901 | **ÖPNV** Haltestelle Rohrbacher Markt der Bus- und Straßenbahnlinien 23, 24, 28, 29 und M 1, von dort rund 600 Meter | **Anfahrt** wenige Parkplätze am Straßenrand in der Rathausstraße | **Öffnungszeiten** jeder 1. Sonntag im Monat 14–16 Uhr sowie für Gruppen nach Vereinbarung | **Tipp** Ein herrliches Stück Rohrbacher Geschichte ist keine 200 Meter entfernt hinter dem alten Rathaus (Rathausstraße 43) zu sehen. Unter einem kleinen Dach steht eine Holzkonstruktion, in die man eine Sau hineintrieb, sodass man sie anschließend in Ruhe wiegen konnte: die »Sau-Woog«.

10 Der Barbier
Mit der Klinge geht es los

Schaut man sich die Gemälde der Kurfürsten und historischer Heidelberger Prominenz an, sieht man viele Bärte. Fein säuberlich gepflegt. Heute ist der Bart wieder in Mode. Männer tragen Haare im Gesicht. Vorbei die Zeit, als Partner »ohne BBB« – Bauch, Brille, Bart – bevorzugt wurden. Alles ist erlaubt: Vollbart, Dreitagebart, Anchor, Ziegenbart, Moustache, selbst Ducktail oder French Fork sind wieder hoffähig.

Nima Oeß ist nicht vom Fach und wollte vor allem für sich als Kunden einen optimalen Service und ein tolles Ambiente. Nun hat er den Trend aufgegriffen und die alte Barbierkunst wiederbelebt. Nicht nur Männerbärte, auch Kopfhaare werden im »Barbier Made Man« gestylt. Teilweise haben die Mitarbeiter ihren Job in ihren Heimatländern gelernt. In Syrien oder der Türkei ist die Bartpflege noch fest verankert.

Der klassische Barbier agierte im Mittelalter als Wundheiler, Kranken- und Körperpfleger. Schwerpunkte waren zwar auch damals die Rasur und Haarpflege, doch die Kompetenzen des Barbiers reichten sogar bis zum Aderlass oder Zähneziehen. Beim Anblick der Wohnhäuser aus dem 18. Jahrhundert in der Kettengasse kehrt diese »gute alte Zeit« zurück. Im Salon helfen liebevoll ausgesuchte antike Möbel und gediegene Musik, das historische Bild zu komplettieren. Hier wird nicht nur die Tradition der Friseurinnung gepflegt, hier wird Geschichte gelebt. Mit dem Rasierpinsel und einer scharfen Klinge geht es los, bei der Pflege werden Öle eingesetzt. Rasiert wird zweimal, eine Massage gibt es gratis dazu. Und zum Abschluss packt der Barbier noch einen Faden aus und entfernt die kleinen, feinen Gesichtshaare. Die aus dem Orient stammende Epilationstechnik setzt das i-Tüpfelchen auf den historischen Besuch beim Barbier von Heidelberg. Man lässt sich Zeit und kann so in aller Ruhe die Augen schließen und sich ein wenig wie ein Kurfürst fühlen.

Adresse Kettengasse 13–15, 69117 Heidelberg-Altstadt, Tel. 06221/6731220 | **ÖPNV** Haltestelle Oberer Fauler Pelz der Buslinie 33, von dort die Treppe am alten Gefängnis, rund 200 Meter hinunter in die Kettengasse | **Anfahrt** Tiefgarage Triplex in der Augustinergasse, von dort rund 200 Meter um die Jesuitenkirche herum, wenige Stellplätze auch in der Kettengasse | **Öffnungszeiten** Mo–Sa 10–20 Uhr | **Tipp** 50 Meter entfernt in der Ingrimstraße 3 betreibt der Karikaturist, Grafiker und Plakatkünstler Klaus Staeck seine Kunstgalerie. Mit seinen Werken setzt er sich auch humorvoll und provokativ für mehr Demokratie und gegen Fremdenhass ein (Mo–Fr 10–17 Uhr, Sa 10–13 Uhr).

11 Die Bienenstöcke
Was wäre die Welt ohne Blumen?

Nein, nicht was Sie denken. Wir sprechen nicht von dem »Bienenstock« in der Eppelheimer Straße mit Damen, die ihre horizontalen Dienste anbieten. Wir reden von echten Bienenstöcken. Mit echten Bienen, die summen und – wenn sie in Bedrängnis gebracht werden – sich mit ihrem Stachel zu wehren wissen. Wir reden also von den gelb-schwarzen Insekten, denen wir den Honig verdanken und die uns in Scharen vielleicht ein wenig Angst machen. Von den Bienen, die so wichtig sind für unsere Natur.

Oder hätten Sie gewusst, dass es weltweit rund 20.000 verschiedene Bienenarten gibt? Nur neun davon sind Honigbienen, und nur eine lebt in Deutschland: die westliche Honigbiene (Apis mellifera). 50.000 bis 70.000 von ihnen bilden im Sommer einen Bienenstaat, 10.000 Bewohner dieses Staates überwintern. Und sie produzieren nicht nur Honig. Sie bestäuben Blütenpflanzen – und zwar fast allein. Etwa 80 Prozent der gesamten Bestäubungsarie erledigen die Honigbienen.

Kurzum: Ohne Bienen blüht hier nichts mehr, nicht in Ihrem Garten oder draußen in der Natur. Helfen Sie mit: Pflanzen Sie bienenfreundliche Kräuter und Blumen, lassen Sie chemische Keulen weg und kaufen Sie Honig beim Produzenten – getrennt nach Standorten – in Geschmacksrichtungen wie Obstgarten Handschuhsheim, Schulgarten, Alleen oder Königstuhl.

So weit die kleine süße Werbepause. Wir sprechen ja in diesem Buch von Orten, und deshalb schauen Sie sich einen der Bienenstöcke mal live an. Die stehen im Sommer überall in der Stadt, etwas versteckt und teilweise auf Privatgrundstücken. Öffentlich sind sie zum Beispiel im Stift Neuburg. Aber wenn Sie sich einen ausgesucht haben und davorstehen, dann denken Sie andächtig daran, dass für Ihr Glas Honig zu Hause die Bienen etwa 60.000 Mal ausfliegen, fünf Millionen Blüten bestäuben und rund 150.000 Kilometer Flugstrecke zurücklegen müssen. Das nenne ich fleißige Bienen.

Adresse Produzent: HeidelbergHonig, Blumenstraße 43, 69115 Heidelberg-Weststadt (nach Anmeldung unter Tel. 0174/1930139); Standorte der Bienenstöcke und Verkaufsstellen auf www.heidelberghonig.de | **ÖPNV** Haltestelle Römerkreis Süd der Straßenbahnlinien 23 und 24 | **Anfahrt** Parkplätze am Straßenrand | **Tipp** Was dem einen die Bienen, sind den Mitarbeitern im Tierheim vor allem Hund und Katz. Gesucht werden neue Frauchen und Herrchen, Gassigänger und Spender. Vierbeiner gibt es reichlich.

12 Der Biergarten
Essen einfach selbst mitbringen

Ohne Schankerlaubnis kein Getränk. So war es den Winzern oder Brauern früher verboten, ihre Erzeugnisse an Ort und Stelle Gästen anzubieten. Für die Weingüter soll schon Karl der Große eine Sondergenehmigung ausgesprochen haben. Wer einen Kranz aushängt, darf ausschenken. Das ist bis heute so und erfreut sich in den Weinregionen großer Beliebtheit. Den Münchner Bierbrauern erging es ähnlich. Auch sie mussten auf die Ausnahmeregelung warten, bis sie Ende des 18. Jahrhunderts ebenfalls mit einem Kränzchen am Eingang den Gerstensaft ausgeben durften. Da es sich bei den Biergärten meistens um grüne Flächen am Münchner Isarufer handelte, unter denen Keller zur Kühlung der Biere gebaut worden waren, gab es drum herum wenig Infrastruktur. Ein Gasthaus mit einer Küche fehlte, und die Gäste saßen auf der grünen Wiese in Ufernähe. Um die Lust auf etwas Herzhaftes zum Bier zu stillen, erlaubten die Wirte, Speisen selbst mitzubringen.

Bekanntlich ist diese Tradition bis heute in vielen Biergärten erhalten geblieben. In Heidelberg finden wir einen solchen gegenüber dem ehrwürdigen Heidelberger Ruderclub von 1872. Unter alten Kastanien, wie bei den bayerischen Vorbildern, sitzt man auf Klappstühlen und trinkt am besten ein Bier oder Radler, packt mitgebrachtes Brot, Käse, Wurst, Obst und – wenn man es stilecht haben möchte – einen »Radi« aus. Wie man es am besten macht, zeigt der Wirt Joe Feigenbutz. Zusammen mit seinem Bruder Peter Marin ist er als »Kings Cross« mit Gesang und Gitarre in der Region unterwegs. Wenn es gerade passt und die Chefin – seine Frau Uschi – ihn lässt, packt er die Gitarre aus. Meistens spielt er Klassiker der Pop- und Rockgeschichte von den Beatles über Queen bis zu Robbie Williams. Dann kann es passieren, dass plötzlich Freunde und andere Musiker aus der Stadt mitmachen und der kleine Biergarten am Neckarufer zum Ausschank noch ein Biergartenkonzert erlebt. Na dann: Prost!

Adresse Neuenheimer Landstraße 3a, 69120 Heidelberg-Neuenheim, Tel. 06221/418702, www.zum-achter.com | **ÖPNV** Haltestelle Bergstraße der Buslinie 34 oder Haltestelle Brückenstraße der Bus- und Straßenbahnlinien 5, 23, 31 und M5 | **Anfahrt** Parkhaus Nordbrückenkopf | **Öffnungszeiten** nur in den warmen Monaten: Di–Do 16–23 Uhr, Fr–So 14–23 Uhr | **Tipp** Neben dem Biergarten parkt ein Fahrrad mit Anhänger von der Heidelberger Bio-Eismanufaktur und liefert bei schönem Wetter eine Auswahl der 120 Eissorten auf Basis von Demeter- und Bioland-Zutaten.

13_ Das Bolero
Kaufladen der schönen Dinge

Wer mag sie nicht, die schönen Dinge dieser Welt? Die Inhaberin des »Bolero« sammelt sie seit 1995 von überall auf der Welt. Die gelernte Schmuck- und Edelstein-Designerin kam zufällig auf die Idee. Sie hatte sich an der Hand verletzt und konnte ihre filigrane Tätigkeit nicht mehr ausführen. Was tun? Es ergaben sich Jobs auf den Frankfurter Konsumgütermessen »Ambiente« und »Tendence«. Dort lernte sie Menschen kennen, die schöne Dinge herstellten oder vertrieben. Sie verliebte sich, begann mit Plänen für ein eigenes Geschäft und nannte es nach ihrem verstorbenen Hund »Bolero«, der übrigens »auch ein schöner Kerl« war. Taschen, Ringe, Ketten, Armbänder, Wäschekörbe, Flechtkörbe, Tischwäsche, Geldbörsen, Figuren und diverser Nippes füllen den Holzboden und die wie zufällig hingeworfenen Regale, Tische und Holzkisten. Wöchentlich kommt neue Ware und verändert das Innere. Es ist von den sonnengelben Tür- und Fensterrahmen bis zu den bunten Tischsets ein Farbenmeer wie an einem Korallenriff.

»Ich achte auf Herkunft, Arbeitsbedingungen und umweltfreundliche Produktionsverfahren«, verrät die Chefin und strahlt, weil sie mit Dingen, die ihr Freude machen, jeden Tag auch ihren Kunden eine Freude machen kann. Das Schönste im Laden, so plaudert sie aus, sei allerdings ihr Vorname. Der sei selten und eine Erfindung ihres südamerikanischen Vaters. In Deutschland ist er tatsächlich kaum vertreten.

Es gibt eine Comicserie und luxuriöse Katamarane, die so heißen. Eine namensgleiche Möbelserie versucht, den Kern ländlicher Natürlichkeit zu vermitteln. Das passt zum »Bolero« und zur Eigentümerin, die am liebsten nur mit einem C. unterschreibt. Vielleicht verrät C. Ihnen ihren schönen Namen, der in Mexiko stärker verbreitet und eine Kurzform von Catarina ist. Ihr Nachname ist übrigens Halfhide, was übersetzt »halbes Versteck« bedeutet – jetzt nicht mehr.

Adresse Bergheimer Straße 29, 69115 Heidelberg-Bergheim, Tel. 06221/29454, www.bolero-29.de | **ÖPNV** Haltestelle Altes Hallenbad der Buslinien 22, 32, 35, M 2 und M 5, von dort keine 100 Meter | **Anfahrt** Parkplätze am Straßenrand vor dem Laden oder in der Tiefgarage P1 in der Poststraße | **Öffnungszeiten** Mo–Fr 10–18 Uhr, Sa 10–14 Uhr | **Tipp** Schöne, nachhaltige und fair gehandelte Dinge hat sich auch »Vierling« in der Theaterstraße 16 in der Altstadt auf die Einkaufsliste geschrieben. Hier ist es aufgeräumter und etwas »cooler«, und die Inhaberin heißt Gudrun (www.vierling.eu).

14 Die Breidenbach Studios
Co-Working, Co-Kultur und Co-Feste

Das Heidelberger Unternehmen Breidenbach & Co. handelte mit Gas, Öl und Kohle. Man kann sich gut vorstellen, wie Propangasflaschen von der kleinen Rampe vor dem flachen Industriegebäude in Lastwagen verladen wurden. Das Geschäft mit den Brennstoffen wird heute von globalen Konzernen diktiert, für Breidenbach das Aus. Die Gasflaschen verschwanden und mit ihnen die Nutzung des in die Jahre gekommenen Geländes. Ein wenig verwildert wirkt es noch heute, wenn man um das Haus und durch den Garten spaziert. Dabei passiert hier etwas: Eine Schaufensterpuppe grüßt auf der Wiese. Ein Sandbereich lädt zum Relaxen ein. Große Sonnenschirme, eine Bretterbude mit Getränkekarte und eine Besetzungsliste der DJs für das kommende Wochenende verraten, dass hier wieder Leben eingekehrt ist.

Aus der Breidenbach Gasabfüllstation sind die Breidenbach Studios geworden. Den Firmennamen hat man behalten, doch in dem ehemaligen Industriegebäude arbeiten jetzt Kreative, Künstler und Musiker in Ateliers, Werkstätten, Proberäumen und Büros. An der Eingangstür über der Klingel klebt ein Zettel: »Komm rein«. Drinnen gibt es eine Bar. Polstermöbel laden zum Chillen. Eine schmale Bühne und ein DJ-Pult weisen auf die regelmäßig stattfindenden Events hin: »Theater trifft Techno«, Konzerte und Partys mit Rappern, Elektro-Musikern oder Singer-Songwritern, Wohnzimmerkonzerte, Filmvorführungen, Tanzperformances, Workshops, Flohmärkte oder Ausstellungen. Quer durch die junge Kulturlandschaft feiern Heidelberger und Studenten im Galerieraum und im Garten.

Wo viele zusammenkommen und viele Nächte gefeiert wird, braucht man Respekt, und den fordern die Betreiber von ihren Gästen ein: »Nehmt Rücksicht auf die Nachbarn. Verhaltet euch draußen leise. Werft keinen Müll auf die Straße. Belästigt keinen.« Die Breidenbach Studios stehen für Vielfalt und Offenheit und werden auch zukünftig Gas geben.

Adresse Hebelstraße 18, 69115 Heidelberg-Weststadt, Tel. 06221/6594970, www.breidenbachstudios.de | **ÖPNV** Haltestelle Rudolf-Diesel-Straße der Bus- und Straßenbahnlinien 26, 33 und M 3, von dort 50 Meter | **Aufahrt** wenige Parkplätze vor den Studios | **Öffnungszeiten** je nach Veranstaltung unterschiedlich | **Tipp** Im vorderen Teil der Hebelstraße gibt es passend zum Co-Worken und Feiern Fast Food: zwei amerikanische Filialen, ein thailändisches Restaurant und – leider nur mittags – Lu's Imbiss mit den »zwei Damen vom Grill« May und Sarah und herrlichen Hacksteaks, Currywürsten, Omelettes, Fleischkäse und Frühstücksbrötchen.

15 Der Brennkessel

Gin vom Heidelberger Dachsbuckel

Gin wird hauptsächlich aus Wacholderbeeren hergestellt. Dazu kommen weitere Zutaten wie Engelwurz und Koriandersamen. Nur natürliche Aromastoffe sind erlaubt, und wenn der Produzent sein Produkt mit dem Prädikat »London Gin« schmücken möchte, muss das Alkohol-Volumen in der Flasche mindestens 37,5 Prozent betragen. Viele Gintrinker schwören auf die Longdrink-Variante mit Tonic Water, andere sehen ihn lieber in Cocktails, pur wird er selten getrunken. Auf die weiteren Zutaten – die Experten nennen sie Botanicals – kommt es an und auf die Kunst des Destillateurs.

Die beherrschen die Experten der Heidelberger Sektkellerei, die mittlerweile vor allem Gin vertreiben, den sie mit dem Heidelberger »Brückeaff« auf dem Label auszeichnen. Die geschmacksprägenden Bestandteile stehen auf der Flasche: Heidelbeere, Gurke, Honigmelone und »multibotanisch«. Andreas Bauer, Juniorwinzer des Familienweingutes Bauer, destilliert seinen Gin im Kupferkessel. Sage und schreibe 17 Zutaten veredeln sein Destillat, dazu kommen als besondere Note handgepflückte Rebenblüten aus den hauseigenen Weinbergen.

Der Sohn des Winzers Werner Bauer studierte Önologie an der Geisenheimer Lehr- und Forschungsanstalt. Danach stieg er ins Weingut ein und nutzt seitdem die vom Vater bereits 1995 für seine Obstbrände angeschafften Brennkessel.

Und um Ihnen das Wasser im Mund zusammenlaufen zu lassen, hier eine Auswahl der Botanicals des Bauer'schen Gins mit dem Namen Grimbart's Gin: Wacholderbeeren, Zitronenschalen, Orangenblüten, Lavendelblüten, Ingwer und Zitronengras. Alles zusammen verbringt viel Zeit im Brennkessel, den man beim Hoffest oder auf Anfrage auch an allen Weinverkaufstagen besichtigen kann. Übrigens: Grimbart ist der Fabelname des Dachses, und der wiederum ist Namensgeber der Heidelberger Weinlage Dachsbuckel, der Hauptlage des Familienweingutes und Gin-Herstellers.

Adresse Dachsbuckel Winzerhof 1, 69126 Heidelberg-Emmertsgrund, Tel. 06221/381931, www.grimbarts-gin.de | **ÖPNV** Emmertsgrund, Endstelle der Buslinien 27, 33 und M1, von dort 250 Meter durch Wald und Weinberge | **Anfahrt** aus der Stadt Richtung Leimen, über die L600 Richtung Gaiberg, nach dem Steinbruch 2. Abfahrt links, Parkplätze auf dem Hof | **Öffnungszeiten** Mo–Fr 10–12 und 17–19 Uhr, Sa 9–15 Uhr, zusätzlich bei Veranstaltungen und nach Vereinbarung | **Tipp** Auf dem Gelände des rekultivierten ehemaligen Steinbruchs Rohrbach wurden Weinberge, Grünland und Gehölzflächen angelegt. Man sieht sie von der L600 und kann auf Wanderwegen hindurchlaufen.

16 _ Das Brückchen
Ort der Herzensschmerzen Eichendorffs

Heidelberg ohne Joseph von Eichendorff? Undenkbar. Eichendorff-Anlage auf dem Philosophenweg, Eichendorff-Gedenktafeln und -Denkmäler, Eichendorff-Schule oder Eichendorff-Mühle. Letztere steht im »Kühlen Grund« und hieß eigentlich – ihrem Bewohner nach – Förstersmühle. Vielleicht war es diese Mühle, die Eichendorff in seinem Gedicht »Das zerbrochene Ringlein« – später unter dem Titel »In einem kühlen Grunde« vertont – meinte. Vielleicht auch nicht. Eine regionale Tageszeitung hat in einem Beitrag Zweifel angemeldet. War es wirklich diese Mühle? Handelt es sich um den Rohrbacher »Kühlen Grund«, dessen parallel verlaufende Straße lange nach Eichendorff ihren Namen bekam?

Ich halte es da mit den Romantikern und versuche mir vorzustellen, wie es einem Dichter geht, wenn ihm Folgendes widerfährt: Er verliebt sich in das junge, nicht standesgemäße Käthchen Förster. Seine Eltern verbieten die Liaison, er begegnet ihr aber immer wieder auf seinen Wegen, bis auch das irgendwann vorbei ist. Voller Herzschmerzen geht er in den Wald, an einer Mühle und einem Bach vorbei. Am Ende des Weges sitzt er – diese Passage ist mein ergänzender Beitrag – auf einer kleinen Steinbrücke, schaut dem Wasserlauf hinterher und sinnt über die verlorene Liebe nach. Das Ergebnis ist eines der wohl bekanntesten Gedichte der deutschen Literatur.

Den Ort findet man, wenn man auf der Straße »Kühler Grund« bergauf läuft und links auf Höhe der Hausnummer 31/2 über eine kleine Brücke und den Waldweg hinaufspaziert. Nach dem letzten über dem Rohrbach sichtbaren Haus gabelt sich der Weg. Rechts steil bergab kommt man über einen Pfad zu diesem Brückchen. Und nun lauschen Sie einmal, wie das Wasser rauscht, und spüren Sie, wie melancholische Gedanken an eine verflossene Liebe aufkeimen. »Sie hat mir Treu versprochen, gab mir ein Ring dabei, sie hat die Treu gebrochen, mein Ringlein sprang entzwei.«

Adresse Startpunkt: Kühler Grund 31/2 (gegenüber 44), 69126 Heidelberg-Rohrbach | **ÖPNV** Haltestelle Kühler Grund mit dem Ruftaxi 1010 | **Anfahrt** wenige Parkplätze am Straßenrand | **Öffnungszeiten** durchgehend | **Tipp** Im historischen »Schnookeloch« soll Eichendorff viele Abende bei einem Glas Wein verbracht haben. Im »Eichendorff-Stübchen« eifern ihm viele Studenten, Touristen und Einheimische stimmungsvoll nach (www.schnookeloch-heidelberg.de).

17 Der Brunnen mit Aussicht
Wasserspiele zu Ehren Sebastian Münsters

Rund 30 Brunnen kann man im Stadtgebiet anschauen, viele weitere sind privat oder verstecken sich im Wald. Ein Brunnen mit einem sich entspannt ausruhenden »Vater Rhein« thront im Heidelberger Schlossgarten. In der Nähe befinden sich zwei Becken, in deren Mitte das Wasser sprudelt. Auf dem Marktplatz ist der kraftstrotzende Herkules auf dem nach ihm benannten Brunnen zu sehen. Der recht skurrile und moderne Sume-Brunnen steht auf dem Heumarkt. An der Tiefburg in Handschuhsheim steht ein schönes Exemplar und auch am Rathaus in Rohrbach. Und nicht zuletzt gibt es noch den Turnerbrunnen am Waldparkplatz und den vor der Unterführung versteckten Neptun-Brunnen am Adenauerplatz. Ein Brunnen jüngeren Datums steht auf dem Karlsplatz, der Sebastian-Münster-Brunnen. Aus mehreren Gründen ist dieser etwas Besonderes.

Der in Berlin lebende Bildhauer Michael Schoenholtz hat den Brunnen geschaffen. Er erinnert an den Kosmografen Sebastian Münster, der im 16. Jahrhundert an gleicher Stelle im damaligen Barfüßerkloster unterrichtete und seine Betrachtungen der Welt schriftlich festhielt. Zu sehen sind die Weltkugel und Menschen, die Geburt und Tod, den Fortschritt und das Annehmen und Ablehnen der Dinge, die auf Erden passieren, darstellen. 1978 wurde unter dem Karlsplatz eine Tiefgarage gebaut, der gesamte Platz neu gestaltet und das Wasserspiel in Auftrag gegeben. Beim Beobachten der vielen Touristen fällt auf, dass sich kaum jemand dafür interessiert, was es mit dem Brunnen auf sich hat. Eine erläuternde Tafel hängt etwas verloren und zu weit weg vom Brunnen und findet kaum Beachtung. Dennoch ist der Brunnen sicherlich eines der am meisten fotografierten Objekte in der Stadt. Das liegt weniger an ihm selbst, sondern an der Tatsache, dass man vor ihm stehend und mit ihm darauf die vielleicht schönsten Bilder der Altstadt zusammen mit dem Heidelberger Schloss knipsen kann.

Adresse Karlsplatz, 69117 Heidelberg-Altstadt | **ÖPNV** Haltestelle Rathaus/Bergbahn der Buslinie 33, rund 200 Meter entfernt | **Anfahrt** Tiefgarage unter dem Brunnen | **Tipp** Wer vom Karlsplatz zum Kornmarkt läuft, findet in der Hausnummer 5 das Stadtplanungsamt. Durch einen Fensterbogen mit der alten Aufschrift »Halle der Kupferstiche des Heidelberger Schlosses« blickt man im Inneren auf einen riesigen Plan des Mark-Twain-Village in der Südstadt – hier lässt sich erahnen, wie die Stadt das ehemalige US-Gelände neu ausrichten möchte.

18 Der Cabrio-Bus
Neuer Blick auf Altbekanntes

Ein alter Entdecker und Reisender sagte einmal, dass man eine Stadt am besten kennenlerne, indem man auf den höchsten Punkt steigt, um sich einen Überblick zu verschaffen. Danach solle man bei einem Friseur genau zuhören und sich am Abend in eine Kneipe setzen, um zu erfahren, wie die Einheimischen feiern. Viele Reisende haben sich das zu eigen gemacht und reisen nach dem gleichen Prinzip in neue Städte. Dabei begegnen einem vor allem in den großen Metropolen der Welt sogenannte »Hop-on/Hop-off«-Busse. In kurzer Zeit bekommt man einen Überblick und kann von den Haltestellen des Busses aus weitere Orte, Straßen und Plätze entdecken. In Heidelberg nutzen viele Besucher diese Busse ab dem Karlsplatz.

Zur Wahl stehen die erwähnten »Hop-on-Hop-off«-Busse mit vielen Zwischenstopps oder auch Touren, bei denen nicht gehalten wird. Jetzt werden Sie sich denken: »Ich kenne doch meine Stadt schon gut genug.« Dann antworte ich: »Probieren Sie es einmal aus, und zwar mit dem Cabrio-Bus, in dem Sie unter freiem Himmel sitzen.« Keine Angst: Bei Regen wird ein Glasdach ausgefahren. Wie bei einem Rundflug sieht man neue Ecken, entdeckt Häuser und Bäume, sieht von oben herab einfach besser. Lassen Sie dabei den Kopfhörer weg, aus dem auf Deutsch, Englisch, Französisch, Spanisch, Italienisch, Niederländisch, Chinesisch, Japanisch, Koreanisch und Russisch die Sehenswürdigkeiten erläutert werden. Sitzen Sie in der ersten Runde rechts und wechseln Sie dann auf die linke Seite.

Die Cabrio-Tour führt Sie durch die Altstadt mit Kornplatz, Alter Brücke, Marstall und Universitätsplatz, in die Weststadt, am Hauptbahnhof vorbei, durch den nahe am Neckar liegenden Teil von Neuenheim und schließlich mit einem Blick auf den Heiligenberg zurück zum Karlsplatz. Fahren Sie mit, Sie werden sich vielleicht neu in Heidelberg verlieben und auf jeden Fall ein paar neue Einblicke genießen.

Adresse Startpunkt: Karlsplatz, 69117 Heidelberg-Altstadt | **ÖPNV** Haltestelle Rathaus/Bergbahn der Buslinie 33, von dort rund 150 Meter | **Anfahrt** Parkhaus Karlsplatz | **Öffnungszeiten** Abfahrt Jan., Feb. 12, 13, 14 Uhr, März, Nov., Dez. 10–16 Uhr zur vollen Stunde, April–Okt. 10–17 Uhr zur halben und vollen Stunde | **Tipp** Da wir schon bei typisch touristischen Dingen sind, die man als Einheimischer eigentlich selten macht: Laufen Sie mal bei der Gästeführung »Stadtgeschichte im Gehen« nach den Ideen von Schriftsteller Michael Buselmeier und Hans-Martin Mumm mit. Dort nähert man sich dem »Mythos Heidelberg« auf den Spuren der Dichter, Maler, Professoren und Komponisten.

19 Das Café im IZ
Internationale Begegnungen in der Tabakfabrik

Die Blüte der Industrialisierung duftet nostalgisch in der ehemaligen Zigarren- und Kautabakfabrik. 1810 eröffnete der Heidelberger Philipp Jakob Landfried eine »Landesproduktenhandlung« und handelte mit Ölprodukten, Tabak und französischen Hüten. 1846 startete der Unternehmer mit einer eigenen Tabakfabrik in Rauenberg, rund 20 Kilometer vom späteren Standort entfernt, den seine Nachfahren 1900 nach rund zwölf Jahren Bautätigkeit bezogen. Die Landfrieds importierten jahrzehntelang ausländischen Tabak und vermengten diesen mit Pfälzer Pflanzen zu einer noch edleren Mischung. Neben den Rauchwaren wurde Kautabak einer der Erfolgsgaranten. Die Familie und ihre bis zu 2.000 Mitarbeiter exportierten ihre Produkte nach Übersee und mussten erst nach dem Zweiten Weltkrieg der sinkenden Nachfrage Tribut zollen und schließlich 1975 die restliche Produktion nach Dielheim im Kraichgau verlagern.

Um das Landfriedgelände unweit des Hauptbahnhofs wurde es still. Bis Ingrid Schinz 2009 das Ruder von ihrem verstorbenen Mann übernahm und begann, die Gebäude zu renovieren und zu vermieten. Heute arbeiten hier wieder 1.000 Menschen bei 80 verschiedenen Firmen – vom Fitnessstudio über die KiTa Glückskinder bis zu einer Schreinerei und dem Taeter Theater. Mittendrin steht das »International Welcome Center«. Ein Café dient als zentrale Begegnungsstätte der Wartenden des Interkulturellen Zentrums und der Behörde für Zuwanderungsangelegenheiten und ist mittlerweile – aufgrund der Anziehungskraft der schönen Industrieanlage – auch Treffpunkt der Landfried-Anwohner und neugieriger Touristen. Voll wird es bei Veranstaltungen: Lesungen von Autoren aus aller Welt, »Welcome Cafés« von Studierenden »ohne Grenzen«, Weltmusik-Konzerte, Vernissagen oder auch mal politische Vorträge in englischer Sprache. Kurzum: Das Landfried-Gelände duftet wieder, und das nun internationaler denn je.

Adresse Bergheimer Straße 147, 69115 Heidelberg-Bergheim, Tel. 06221/5815600, www.iz-heidelberg.de | **ÖPNV** Haltestelle Hauptbahnhof der Bus- und Straßenbahnlinien 5, 21, 24, 32, 33, 34 und M 5, von dort rund 350 Meter | **Anfahrt** viele Parkplätze auf dem Gelände der Landfried Immobilien | **Öffnungszeiten** Mo und Fr 8–12 Uhr, Di und Do 8–16 Uhr, Mi 8–17.30 Uhr | **Tipp** Und gleich nebenan schläft man in »Steffis Hostel« im Industrie-Denkmal und geht im Restaurant »Tati« von Robert Luthringhausen elsässisch essen.

20_Das Dezernat 16
Live-Dauerausstellung mit arbeitenden Künstlern

Wo einst die Feuerwehr residierte, befindet sich heute das Herzstück der Kreativwirtschaft. Auf der alten Feuerwache hat die Stadt ihr »16. Dezernat« eröffnet und vermietet vergünstigte Gewerbeflächen an Kultur- und Kunstschaffende. Über den seitlichen Eingang kommt man ins Gebäude. Hier lohnt der Weg in alle Stockwerke und ein Blick in geöffnete Räume. Auch ein Besuch der ehemaligen Garagen auf dem Feuerwehrhof macht Sinn. Hier teilt sich zum Beispiel der Maler und Bildhauer Michael Lerche ein Atelier mit der Schneiderin Senaja Ulses. An den Wänden hängen seine fertigen Werke, auf den Tischen liegen die unvollendeten Arbeiten oder die Skulpturen. Im hinteren Teil hängen Bestandteile der Kollektion der Fashion-Designerin auf Stangen, neben den Nähmaschinen liegen Stoffe. Ein kreatives Miteinander, in dem die beiden sich gegenseitig inspirieren.

Das funktioniert auch bei den Mietern im Haupthaus. Hier werkeln Architekten neben Textern und Designern. Filmemacher, Schriftsteller und Musiker geben sich die Klinke in die Hand. Dazwischen überall größere Flächen, die für Ausstellungen, Workshops und andere Veranstaltungen genutzt werden dürfen. Ganz oben begegne ich Kjartan Einarsson, einem isländischen Fotografen, der ganz unglaubliche Dinge mit seiner Kamera und bei der anschließenden Postproduktion anstellt. Analog hat er gerade über Stunden zwischen Betonplatten getrocknete Blätter gegen das Licht fotografiert, sie anschließend vom Hintergrund freigestellt und nun auf eine spezielle Leinwand gedruckt. Alles in seinem kleinen Labor ist eigenhändig kreiert. Das Ergebnis sind Werke, in denen man unmöglich Fotografien, sondern vielmehr Zeichnungen zu erkennen glaubt. Er lebt mit seiner Familie in einer Wohnung in Heidelberg, doch wenn es mal später wird, fährt er nicht mehr nach Hause, sondern übernachtet in seinem zum Wohnmobil umgebauten Feuerwehrauto. Kreativ muss man sein.

Adresse Emil-Maier-Straße 16, 69115 Heidelberg-Bergheim, Tel. 06221/141031 (Zentrumsmanagement) | **ÖPNV** Haltestelle Czernybrücke der Buslinien 22, 33, M 2 und M 3, von dort gut 100 Meter | **Anfahrt** Gästeparkplätze in der Emil-Maier-Straße | **Öffnungszeiten** keine offiziellen Zeiten, aber einige Künstler sind immer da und freuen sich über interessierte Besucher – und Käufer | **Tipp** Der Schlagzeuger Daniel Gallimore ist einer der gefragtesten Trommler der Region und hat das »Funkloch«, eine Plattform für Jazz, Funk und andere Stilrichtungen, erfunden. Jeden zweiten Mittwoch im Monat treffen sich auf seine Einladung Nachwuchs-Musiker zur Session in der halle02 im Zollhofgarten 2 und werden per Verlosung zusammengestellt.

21 Der Eichwald

Eine Liebeserklärung an den deutschen Baum

Mein Namensvetter Karl Mayer schrieb an die Eiche: »Durch deine Äste Vielgestalt, bist, Eiche, du ein Wald im Wald.« Trefflicher kann man den Laubbaum nicht beschreiben. Die Eiche ist wohl auch der romantischste aller Bäume und gerade deshalb in der Stadt der Romantik besonders gut aufgehoben. In seinen Stamm ritzen Liebespaare ihre Namen und ein Herz. Aus Eichenholz werden seit Generationen Möbel hergestellt und altehrwürdige Gaststuben damit ausgestattet. In Eichenfässern reift der Wein. Sogar beim Bau von Schiffen, Brunnen und ganzen Häusern galt die Eiche lange als unverzichtbar. Eichenlaub ziert unsere kleinsten Cent-Münzen und den Fünf-Euro-Schein. Das Wildschwein reibt sich an der Eiche. Eichenwälder beschützen ihre Einwohner. Auch der Mensch hat Eichen gern als Schutz vor Frost gepflanzt, häufig in Weinregionen. Bis zu 800 Jahre alt werden die zähesten der Eichen, und dennoch hat die Eiche laut dem Bundesministerium für Landwirtschaft mit lediglich sieben Prozent nur einen geringen Anteil am deutschen Waldbestand.

Oberhalb von Boxberg liegt der Eichwald. Nicht ausschließlich, aber sehr viele Eichen stehen in ihm. Er ist für die Bewohner des hoch gelegenen Stadtteils ein Schutzwall gegen die über den Bergkamm ziehenden Winde. Er spendet Wärme und erhöht den Freizeitwert. Boxberg gilt nicht als der schönste Stadtteil Heidelbergs, dennoch bleiben die Bürger hier länger wohnen als in den meisten anderen Stadtteilen. Auf einem Spaziergang von den Hochhäusern hinein in den dunklen Wald ahnt man, warum: Hier werden zahlreiche Kinderwägen durch die frische Luft geschoben. Hunde laufen frei herum. Alle paar Meter begegnet man einem Jogger oder Wanderer, und einzelne Paare lachen unter dem Blätterdach. Die Eiche ist ein Stück Heimat. Man fühlt sich wohl, wenn man vor ihr steht. Oder wie Karl Mayer 1841 schrieb: »… macht mich staunen deine Größe!«

Adresse Im Eichwald, 69126 Heidelberg-Boxberg | **ÖPNV** Haltestelle Im Eichwald der Buslinien 29, 39 und M1 | **Anfahrt** Parkplätze an der Straße und vor den Häusern | **Tipp** Heidelberg hat als erste deutsche Stadt das internationale PEFC-Zertifikat »Erholungswald« erhalten. Auf zwei Waldwegen kann die ganze Familie den Wald besser kennenlernen: auf dem für Kinder optimalen »Walderlebnispfad« und auf der »Via Naturae«, einem Lehrpfad für Familien, Schüler und Lehrer. Beide Wege sind ab dem Parkplatz auf dem Königstuhl ausgeschildert.

22 Der e-Lastenradladen
Mit acht Kindern auf einem Rad

Die Bahn wirbt für umweltfreundliches Reisen, die Statistiken der Kritiker besagen etwas anderes. Die Autos führen immer noch in der Liste der CO_2-Verursacher. Flugzeuge brauchen wir gar nicht zu erwähnen. Zu Fuß kommen wir jedoch nicht weit und können wenig transportieren. Da bleibt das Fahrrad, dessen Beliebtheit mit Einführung des Elektroantriebs weiter ansteigt. Der Bewegungsradius ist zwar begrenzt, aber gerade in Städten geht es nicht selten schneller zum Ziel als mit Bus, Bahn oder eigenem Wagen.

Gepäcktaschen, Rucksäcke oder Lenkerkörbe bieten Platz für kleinere Einkäufe, so viel Platz wie im Auto ist aber nicht. Philipp Walczak, der Techniker unter den beiden Gründern der e-Lastenräder, machte ein Praktikum in Kalifornien und baute dort erstmals einen Elektroantrieb in ein Faltrad ein. Zurück in Deutschland machte sein Partner Thilo Gauch, der Kaufmann der beiden, eine Probefahrt und war begeistert. Ihm kam die Idee, serienmäßig herkömmliche Fahrräder zu E-Bikes umzubauen.

Die beiden gründeten eine Firma, starteten in einer Garage, hatten Erfolg, zogen in die heutige Halle um und haben nun über 20 Mitarbeiter.

Zu der Ursprungsidee kam das erste mit E-Motor aufgepeppte Lastenrad. Einbauten für normale Fahrräder machen heute auch viele andere, die Lastenräder sind somit zu ihrer besonderen Spezialität geworden. Ein Besuch des großen Hallengeschäfts mit Werkstatt zeigt die erstaunliche Bandbreite: Räder für Pizzaboten mit Ladefläche vorne, für Kurierfahrer mit bis zu 100 Kilogramm Zuladung, für Eltern mit bis zu acht Kindern, für den Transport eines Rollstuhlfahrers oder für Transportdienstleister, die mal »nur« 200 Kilogramm mit dem Lastenrad bewegen möchten. Walczak und Gauch behaupten, sie hätten einige der besten Lastenräder der Welt im Programm. Ich behaupte, so etwas haben Sie noch nie gesehen. Und mit einigen Rädern kann man sogar Probe fahren.

Adresse Carl-Bosch-Straße 2, 69115 Heidelberg-Weststadt, Tel. 06221/8710687, www.e-lastenrad.de | **ÖPNV** Haltestelle Rudolf-Diesel-Straße der Bus- und Straßenbahnlinien 26, 33 und M3, von dort 400 Meter | **Anfahrt** Parkplätze auf dem Gelände und an der Straße | **Öffnungszeiten** Mo–Fr 10–18 Uhr, jeden 1. und 3. Sa im Monat 10–15 Uhr | **Tipp** Um die Ecke in der Gottlieb-Daimler-Straße 16 hat die Heidelberger Kegelvereinigung ihren Sitz. Dort kann man Bundeskegelbahnen stundenweise anmieten und – wie vor dem Boom der Bowlingbahnen – Sportkegeln betreiben.

23 Die Elefanten-WG
Die erste eigene »Wohnung« der Jungtiere

In der Pubertät werden Kinder schwierig. Das ist bekannt. Manche behaupten, Gott hätte die Pubertät erfunden, damit es den Eltern leichter fällt, ihre Kinder irgendwann ziehen zu lassen. Dieses Phänomen gibt es auch bei Tieren. Sie beginnen, sich mit den Erwachsenen zu messen, und suchen eigene Wege. Das nervt Vater und Mutter, die Verwandtschaft und alle anderen in der Herde.

Zu lachen haben auch die Eltern von jungen Elefantenbullen nicht mehr viel. Die pubertierenden, drei bis vier Jahre jungen Tiere werden aufmüpfig und sind für ihre Familie im Heidelberger Zoo kaum noch zu ertragen. Die Konsequenz in der freien Wildbahn wäre die Trennung von der Mutter und, gemeinsam mit anderen jungen Elefanten, die vollständige Abkapselung von der Herde. Der einzelne Jungbulle zieht weiter und lebt eine Zeit lang mit Alterskameraden zusammen. In dem kleinen Kreis wird um die Hackordnung gekämpft, jeder sucht seinen Platz und versucht, ihn zu verteidigen. Untereinander lernen sie so Sozialverhalten, und immer wieder testen sie ihre Grenzen aus. So lange, bis auch beim Nachwuchs die Reife einsetzt und die meisten wieder zurück zu ihrer Herde wandern. Jetzt geht es auf Brautschau, eigene Elefantenfamilien werden gegründet, und die Mutigen versuchen, den alten Bullen die Führerschaft streitig zu machen. Ein paar Jahre später schauen sie zu, wie ihre eigenen Elefantenbabys älter werden und auf Wanderschaft gehen.

In einem Zoo ist dies kaum umsetzbar. »Warum eigentlich nicht?«, dachten sich die Betreiber in Heidelberg und bauten aufwendig und artgerecht ihre Elefantenanlage um. Nun gibt es neben den alten Elefanten und ihren Babys ein 500 Quadratmeter großes Gelände mit Jungbullen zu bestaunen. Barbara Rumer vom Zoo Heidelberg nennt ihn eine WG. Dort kann man die Entwicklung der Jungbullen beobachten und sich freuen, wenn sie zurückkehren oder – zur Zucht – in einen neuen Zoo umziehen dürfen.

Adresse Zoo Heidelberg, Tiergartenstraße 3, 69120 Heidelberg-Neuenheim, www.zoo-heidelberg.de | **ÖPNV** Haltestelle Zoo der Buslinien 31, 32 und M5 | **Anfahrt** Parkhaus am Zoo, für Parkrabatt Ticket an der Kasse vorzeigen | **Öffnungszeiten** Sommer: 9–19 Uhr, März und Okt. 9–18 Uhr, Winter: 9–17 Uhr | **Tipp** Rund 800 Meter vom Zoo entfernt liegt der Botanische Garten der Universität Heidelberg. Seit 1593 steht er für Wissenschaft und Forschung, schützt vom Aussterben bedrohte Pflanzenarten, bietet Bildungsprogramme und lädt zur Erholung ein.

24 Die Engel des Baumeisters

Von einem tragischen Familienschicksal

Das Schloss ist das Wahrzeichen der Stadt. 500 Jahre lang residierten die Kurfürsten der Pfalz in dem majestätischen Bau. Durch das Schloss und den herrlichen Schlossgarten schlendern heute Millionen Touristen jährlich. Allein oder auf geführten Rundgängen, mit Kopfhörern oder in Begleitung eines Gästeführers. Die wohl bekannteste Schlossbewohnerin war die junge Liselotte von der Pfalz, die später mit intimen Briefen vom Hof des Sonnenkönigs Ludwig XIV. für Aufsehen sorgte. Es sind diese kleinen Geschichten, die ein Kulturdenkmal greifbar und die Menschen lebendig machen. Eine dieser Erzählungen handelt vom Baumeister des Schlosses, den Kaiser Ruprecht einst beauftragt hat.

Dieser war Vater von Zwillingen. Die beiden waren schon als Kinder an seiner Arbeit interessiert und begleiteten ihn, sooft es ging, auf die Baustelle. Schwindelfrei turnten sie herum. Doch eines Tages verlor der eine den Halt und zog seinen Bruder mit in die Tiefe. Von Trauer gezeichnet, war der Baumeister nicht mehr in der Lage weiterzuarbeiten. Er knüpfte jeden Tag einen Rosenkranz und brachte ihn zum Grab der Kinder an die Peterskirche. Der Kaiser wurde böse, der Pfarrer ermahnte ihn zum Weiterarbeiten, und als dem Vater im Schlaf seine beiden Söhne als Engel erschienen, beendete er den Bau und verewigte die Zwillinge in Form von zwei Engeln samt Rosenkranz und seinem Berufszeichen, einem Zirkel. 1408 soll der Schlussstein über dem Tor zum Ruprechtsbau eingesetzt worden sein. Der Baumeister soll nie wieder gebaut haben und als Mönch auf dem gegenüberliegenden Berg im Kloster Sankt Michael den Rest seines Lebens verbracht haben. Die im Vergleich zu den restlichen Sehenswürdigkeiten unscheinbare Bildhauerei ist beim Betreten des Schlosshofes durch das Brückenhaus auf der linken Seite zu sehen. Ob die Geschichte stimmt? Darüber streiten die Historiker. Schön traurig ist sie allemal.

Adresse Schlosshof 1, 69117 Heidelberg-Altstadt, Tel. 06221/658880, www.schloss-heidelberg.de | ÖPNV Haltestelle Rathaus/Bergbahn der Buslinie 33, von dort mit der Bergbahn oder zu Fuß hinauf | Anfahrt vor dem Schloss sehr wenige Parkplätze, besser ins Parkhaus P12 Kornmarkt, von dort wie ÖPNV | Öffnungszeiten Mo–So 8–18 Uhr (letzter Einlass um 17.30 Uhr) | Tipp Der Höhepunkt ist die Schloss-Beleuchtung an je einem Tag im Juni, Juli und September. Dabei wird das Gebäude mit bengalischen Feuern in rotes Licht getaucht, es folgen ein großes Feuerwerk und zum Abschluss Lichterspiele am Himmel.

25 Der Erlebniswanderweg
Hier fängt Deutschland an, Italien zu werden

Professor Dr. Erich Dickler (1937–2012) war ein Naturfreund. Sein Lebenswerk war die umweltschonende Bekämpfung von schädlichen Insekten, vor allem der Obstmade. Auch außerhalb seiner Arbeit als langjähriger Direktor der biologischen Bundesanstalt für Land- und Forstwirtschaft in Dossenheim widmete er sich dem Obstbau und war Teil der Jury bei der Wahl zum »Insekt des Jahres«. Sein letzter Traum war ein Rundweg durch seine Heimat, auf dem man Obstbau, Weinbau und Landschaft erleben und verstehen kann. Auf seine Initiative hin wurde ein Weg angelegt, dessen Eröffnung Erich Dickler nicht mehr erlebte.

Diesen »Erlebniswanderweg Wein und Kultur« muss man gegangen sein. Startpunkte gibt es an fünf Stellen. Mit dem Bus kommt man zu den Einstiegen im Zentrum Rohrbachs, am Soldatenweg oder am Senioren-Wohnheim Augustinum. Unterwegs auf dem Wanderweg findet man Informationen zur Heidelberger Kultur, zu Geschichte, Persönlichkeiten, Wein-, Obst-, Tier- und Landschaftsthemen. Ein Vorgeschmack gefällig? Es geht durch den »Kühlen Grund«, den Eichendorff in einem Gedicht verewigte. Wir lernen, dass im südlichen Heidelberg »Deutschland anfängt, Italien zu werden«, wie Kaiser Joseph II. es 1764 formulierte. Wir treffen auf alte Streuobstwiesen und halten die Augen nach Gartenrotschwänzen, Spechten und verschiedenen Schmetterlingsarten offen. Deutsche Rebsorten werden gezeigt und erläutert. Gleich nebenan steht eine Prognose-Wetterstation, die man für umweltschonenden Weinbau benötigt. Wir laufen an Wildkräutern am Wegesrand vorbei und durch Hohlwege. Das Naturschutzgebiet Steinbruch Leimen oder die Dauerbegrünung der Weinberge – überall gibt es etwas zu sehen, zu erleben und zu lernen. Auf insgesamt 27 Tafeln ist das geballte Wissen wie in einem lebendigen Museum dokumentiert. An der acht Kilometer langen Familienwanderung hätte auch Professor Dr. Erich Dickler seine Freude gehabt.

Adresse Tafel 1 am Rohrbacher Schlösschen, Ecke Amalienstraße/Parkstraße, 69126 Heidelberg-Rohrbach | **ÖPNV** Haltestelle Ortenauer Straße der Bus- und Straßenbahnlinien 23, 24, 29 und M1, von dort rund 600 Meter | **Anfahrt** wenige Parkplätze am Schlösschen, mehr in der Rathausstraße oder Parkstraße | **Tipp** Der Erlebniswanderweg grenzt an die Nachbarstadt Leimen. Dort kann man die eigene Wanderung bei Bedarf auf den Weinwanderweg (5,3 Kilometer), den Geologie-Weg (2,6 Kilometer) oder den Naturlehrpfad (4,5 Kilometer) ausdehnen.

26 Das Fährhaus
Ein Seil über dem Neckar

Hunderte Schaulustige waren versammelt. Sogar die Zeitung war da. Mit jeder Minute des Wartens stieg die Spannung. Keiner wusste, was passieren würde, aber alle waren gekommen, um es zu sehen. Ein Seiltänzer hatte sich angekündigt und wollte den Neckar auf der Leine der kleinen Fähre überwinden, die zwischen Neuenheim und der Altstadt verkehrte. Nach einer gefühlten Ewigkeit war es so weit: Der erste Fuß berührte das nicht sehr stramm gespannte Seil. Eine lange Stange sorgte für das Gleichgewicht, und plötzlich begann der Akrobat federleicht und mit tänzerischen Schritten den Weg über den Fluss. Das »Ah« und »Oh« der Zuschauer begleitete ihn und mündete in tosenden Applaus, als er in der Nähe des rettenden Ufers ankam. Geschafft!

Das ist nun schon ein langes Leben her, wie mir ein Gast, der selbst Matrose sein könnte, in der »alten Fähre« erzählt. Er war dabei, als er noch jung war. Doch seine Augen verraten, dass er noch eine Spur Begeisterung über die Jahre behalten hat. Er sitzt in dem winzigen Haus zusammen mit ein paar Freunden und der Gastgeberin. Es ist eine »Geschlossene Gesellschaft«, wie das kleine Schild an der Eingangstür verrät. Kein Zugang für Fremde. Ich habe Glück, durfte mit einem der bekannten Gäste hinein. Alte Bilder an der Wand, Nippes ohne Ende, Erinnerungen, vielleicht Geschenke und eine kleine Bar, die früher mal als Kiosk-Theke nützlich war. Der jüngste Gast kommt erst seit rund 20 Jahren, die anderen entsprechend länger. Freunde unter sich.

1880 hatte die Familie Rohrmann die Drahtseilfähre übernommen, die bereits 1867 vom Stapel gelaufen war. Die Strömung nutzend setzte die Fähre am Seil gehalten über. Das Fährhaus wurde 1926 gebaut, wie eine Steintafel am Ufer verrät. Es ist ein kleines Stück Heidelberger Stadtgeschichte, das nicht von Hunderten Touristen eingenommen wird. Nicht mal die Zeitung kommt vorbei, und auch die Fähre gibt es schon lange nicht mehr.

Adresse Neckarstaden 28, 69117 Heidelberg-Altstadt | **ÖPNV** Haltestelle Kongresshaus der Buslinien 31, 32, 35, M 2 und M 4 direkt nebenan | **Anfahrt** Parkhaus an der Stadthalle (Kongresshaus) | **Öffnungszeiten** von außen durchgehend, in die »Geschlossene Gesellschaft« bitte nicht unaufgefordert eintreten | **Tipp** Vor dem Fährhaus legen die Schiffe der »Weissen Flotte« ab, die auch die heutige Personenfähre zwischen den Ufern betreibt. Dazu gibt es Burgenfahrten, Neckar- und Rheinfahrten und Ausflugsfahrten sogar bis Rüdesheim im Rheingau (www.weisse-flotte-heidelberg.de).

27 Das Fitnessstudio für lau
Ein Hauch von Brasilien

Die Fitnesswelle rollt und rollt. Turnvereine haben ihre Angebote auf den Trend umgestellt: Bokwa, Pilates, Zumba, Yoga und andere Work-outs stehen auf dem Programm. Fitnessstudios boomen, wer hat nicht eine – wenn auch nur sporadisch genutzte – Mitgliedschaft. Geräte-, Cardio- oder Vibrationstraining, diverse Gruppenkurse und alles für mehr Ausdauer oder Kraft. Da will die öffentliche Hand nicht hintanstehen und bietet ihren Bürgern kostenfreie Möglichkeiten, sich fit zu halten. Fahrradwege verlaufen wie ineinander verworrene Bindfäden durch die Stadt, die Joggingstrecken sind ausgezeichnet, einen Nordic-Walking-Park hat heute sowieso fast jeder. Nicht so selbstverständlich ist dagegen ein Gerätetraining, wie man es aus den nicht so preiswerten Fitnessstudios kennt.

In der Schwanenteichanlage wurde ein solches Gratis-Fitnessstudio installiert. Sechs Stationen zählt das Zirkeltraining zwischen Kurfürstenanlage und Poststraße, das man beliebig oft und zu jeder Uhrzeit benutzen darf. An Station eins wird gerudert, ohnehin eine beliebte Tradition in Heidelberg. Station zwei sorgt für Schultermuskeln, um entsprechende Lasten stemmen zu können. Auch Station drei gibt dem Oberkörper mit Armzug-Liegestützen Power. Das Gleichgewicht ist auf der schwebenden Plattform an Nummer vier gefordert, und bei Station fünf wird dann der ganze Körper trainiert. Ein Beintrainer schließt die Fitnessrunde ab. Und wer jetzt noch ein wenig für die Motorik und den Feinsinn tun möchte, geht gleich nebenan auf die Boulefläche und wirft ein paar Kugeln ans Schweinchen. Die Geräte sind aus stabilem Eisen, rostfrei und allwettertauglich. Das letzte Mal habe ich das auf einer Reise nach Rio gesehen. Da war jedes Gerät rund um die Uhr besetzt, und die Sportler stählten in jeder Altersklasse ihre ohnehin athletischen Körper. Also, auf geht's ins kostenlose Fitnessstudio.

Adresse Poststraße 46 (gegenüber), 69115 Heidelberg-Bergheim | **ÖPNV** Haltestelle Stadtbücherei der Bus- und Straßenbahnlinien 5, 21, 23, 26, 33, 34 und M 3, von dort 150 Meter | **Anfahrt** Parkflächen an der Poststraße | **Tipp** Der FC Bayern München des Rugbysports heißt Heidelberger RK, der deutsche Rekordmeister zählt 14 Titel. Schauen Sie mal bei einem Spiel in Deutschlands schönstem Rugbystadion vorbei, dem Fritz-Grunebaum-Sportpark (Harbigweg 9, 69124 Kirchheim).

28 Das Forum für Kunst
Kostenlose Werkschau für alle

Kunst ist das schöpferische Gestalten von Werken in der Malerei, Bildhauerei, Musik und Literatur, für das der Künstler ein gewisses Können und eine besondere Begabung benötigt. Sie oder er »beherrscht die Kunst«, sagt man. Doch Kunst ist das Werk oft nur dann, wenn ein Kunstkritiker, ein Galerist, ein Feuilletonist oder ein Mäzen dies so sieht. Wenn nicht, bleibt es gewöhnlich, dann schafft man es bestenfalls zu einer Laienausstellung und muss weiterhin einer geregelten Arbeit nachgehen. Doch ob ein Werk Kunst ist, entscheidet auch der Betrachter. Individuell, nach seinem Geschmack. »Du verstehst nichts von Kunst«, sagen dann die Geschulten sehr gern.

Das »Forum für Kunst« hebelt diese Regeln aus. Hier werden unter dem Dach der Kulturbrauerei Arbeiten von Künstlern unabhängig von kommerziellen Galerien ausgestellt. Zugegeben: Bei 128 Mitgliedern gibt es mehr Werke als Platz, und dann entscheidet auch hier der Vorstand, wie das Programm aussieht. Doch der ist in einem Verein bekanntlich demokratisch gewählt. So zeigen jährlich jeweils zehn Künstler ihre Werke. Fast alle anderen Mitglieder werden am Ende eines Jahres unter dem Titel »Lauter Minis« ausgestellt, weitere innerhalb von Themenausstellungen. Zudem gibt es einen großen Schülerwettbewerb mit rund 500 Exponaten. Die Stadt Heidelberg ist so frei, das Projekt zu unterstützen, sodass die Kosten überschaubar bleiben.

Die Atmosphäre im Forum ist speziell: Bilder sind teilweise wie auf einer Pinnwand an den hellen Wänden angebracht und flattern rahmenlos im Wind. Die Stile sind völlig unterschiedlich, man spürt die Findungsphase mancher Kunstschaffender. Gleichzeitig findet man sich nach dem kostenfreien Eintritt durch die mit Sandsteinen umrahmte türkisfarbene Tür in einer anderen Welt wieder. Keine Heerscharen von Touristen, entspannte Ruhe lässt Raum für die Kunst, die jeden Blick der Besucher verdient.

Adresse Heiliggeiststraße 21, 69117 Heidelberg-Altstadt, Tel. 06221/24023, www.heidelberger forum fuer-kunst.de | **ÖPNV** Haltestelle Neckarmünzplatz der Buslinien 33, 35 und M 4, von dort rund 120 Meter durch die Leyergasse, dann die zweite rechts | **Anfahrt** Parkhaus Karlsplatz, von dort etwa 100 Meter | **Öffnungszeiten** Di – So 14 – 18 Uhr | **Tipp** Durch einige Fenster der Galerie sieht man den Biergarten der Heidelberger Kulturbrauerei. Hier muss man ein frisch Gezapftes aus der eigenen Bierherstellung verkosten und die Einrichtung und die vielen, vielen historischen Bilder im »Seppel«, dem ältesten Studentenlokal der Stadt, bestaunen (www.heidelberger-kulturbrauerei.de).

29 _ Das Fuchsrondell
Wetterunabhängige Ausblicke

Der Fuchs ist ein schlaues Tier. Dem unter dem Namen Reineke in der Fabelwelt bekannten Säugetier wird bekanntlich eine gewisse Intelligenz nachgesagt. Im Heidelberger Zoo teilen sich die zwischen der Wolga und dem Iran lebenden Korsakfüchse mit syrischen Braunbären ein Gehege – ganz friedlich. Ob der langjährige Leiter des Forstamtes Oskar Fuchs seine Namensvetter im Kopf hatte, als er am Hang des Michelsbergs einen Rastplatz bauen ließ? Man läuft über den Schweizerweg zum Oberen Philosophenweg und biegt nach rund 1,5 Kilometern links über eine Spitzkehre in den Brandplattenweg ein. Jetzt führt der Spaziergang noch 500 Meter weiter bis zu einer Kreuzung. Hier steht linker Hand ein runder Holzbau – das Fuchsrondell –, benannt nach dem Oberforstrat.

Es gibt viele Punkte, von denen aus man die Stadt herrlich betrachten kann. Mir gefiel dieser kleine Bretterverschlag, weil er eher unscheinbar daherkommt, weil er mutig in den Hang gebaut wurde, weil es hier still ist und weil man geschützt von einem Dach wetterunabhängig die Stadt beobachten und fotografieren kann. Die Schiffe auf dem Neckar gleiten lautlos über das Wasser. Autos kriechen durch die Straßen. Man sieht die Brücken, die Bahnstadt, die historischen Bauten der Altstadt und gegenüber die Hänge des Gaisbergs und des Königstuhls mit Schloss. Man erkennt auch den Grund, warum die Stadt wieder näher an den Fluss rücken möchte, denn wie eine Blechmauer trennen Autoschlangen auf den Neckarstaden die Häuserfront vom Ufer. Das Fuchsrondell eignet sich vortrefflich für eine kleine Rast, als Start- oder Schlusspunkt einer Wanderung in den Wäldern zwischen Neuenheim, Weißem Stein und Ziegelhausen. Am besten zweimal kommen: tagsüber, um alles zu sehen, und zum Sonnenuntergang, wenn die Stadt langsam beleuchtet wird und nur noch einzelne Lichter die Strukturen erkennen lassen. Ja, der Fuchs war ein schlauer Mann.

Adresse Kreuzpunkt von Brandplattenweg, Merkursteinweg und Bismarcksäulenweg, 69120 Heidelberg-Neuenheim | **ÖPNV** keine direkte Verbindung; um den Anstieg zu vermeiden, mit dem Bus der Linie 38 zum Heiligenberg und von dort abwärtsspazieren | **Anfahrt** Parkplatz am Heiligenberg | **Tipp** Die Meriankanzel, rund 400 Meter den Brandplattenweg weiter hinauf, bietet ebenfalls schöne Aussichten. Sie ist nach Matthäus Merian benannt, der im 17. Jahrhundert Stadtansichten und Karten produzierte – den Kupferstich von Heidelberg vielleicht genau an dieser Stelle.

30 Der Garten der Stille
Meditation und Blumenpracht

»Seid doch mal still!«, möchte ich rufen, lasse es aber. Ein wild durcheinanderplapperndes Grüppchen Touristen blickt sich kurz im Garten der Stille um. Scheinbar enttäuscht ziehen sie – der Stille ist das dienlich – von dannen. Was haben sie hier erwartet? Eine stille Örtlichkeit? Den Bewahrer des Stillschweigens? So geht das eine Stunde, in der ich mich auf ein Steinbänkchen hinter dem Seitenausgang der Jesuitenkirche gesetzt habe. Immer wieder steckt jemand seinen Kopf heraus, schaut rechts und links und verschwindet wie gekommen. Vielleicht gut so, denn im Garten der Stille herrscht so fast immer Stille.

Der Meditationsgarten liegt unscheinbar in einem schmalen Korridor zwischen der Jesuitenkirche und der Mauer zum Park des ehemaligen Jesuitenkollegs. In dem am Kirchengebäude lang gezogenen Beet wachsen Rosen, Sonnenhüte und Katzenminze in vielen unterschiedlichen Farben. Dazwischen findet man Kunstwerke, an denen man sich erfreuen oder über die man lange sinnieren kann. Das Auge bekommt Abwechslung, um die Seele mal baumeln zu lassen. Es ist nicht schwer, sich vorzustellen, dass hier einst die Jesuiten schlenderten. Sie hatten die Kirche und das dazugehörige Kolleg 1733 vollendet und ihr Gotteshaus »Heiliggeistkirche« getauft. Den gleichen Namen trägt die ein paar Blöcke weiter stehende Kirche am Markt. Das war eine beabsichtigte Provokation und ein Zeichen, dass es nur eine wahre Kirche geben könne. Der Streit ist Geschichte. In der Jesuitenkirche tummeln sich weniger Besucher als in der bekannteren Schwester. Diese bekommen eine puristische Barockkirche mit einer wunderschönen Allee aus eckigen Pfeilern und einem dominierenden Altarbild mit dem Pfingstwunder zu sehen.

Und während der Recherche für dieses Buch saß über dem Ausgang ein roter Teufel, aber den hat die Stille vielleicht schon verscheucht. Schauen Sie selbst.

Adresse Schulgasse 1, 69117 Heidelberg-Altstadt | **ÖPNV** Haltestelle Universitätsplatz der Buslinien 30, 31, 32, M 2 und M 5, von dort rund 100 Meter | **Anfahrt** Parkhaus Triplex-Garage am Universitätsplatz | **Öffnungszeiten** täglich, März–Okt. 9.30–18 Uhr, Nov.–Feb. 9.30–17 Uhr | **Tipp** Gegenüber der Kirche gibt es ein Museum für sakrale Kunst und Liturgie mit der ältesten Glocke Heidelbergs, Gold- und Silberschätzen, Kelchen, Monstranzen, Leuchtern, Kreuzen aus Elfenbein und einem Blick auf das Jesuitenkolleg.

31 Der gepflasterte Uferweg
Einer der schönsten Spaziergänge der Stadt

Der Neckar teilt Heidelberg in einen nördlichen und einen südlichen Teil. Er dominiert die Stadt zusammen mit dem am Hang thronenden Schloss. Als Schifffahrtsstraße hat er an Bedeutung verloren, als Gewässer für Ausflugsschiffe oder Ruderer dagegen ist er beliebt wie eh und je. Zwischen Bergheim und Altstadt trennt die Bundesstraße 37 das Stadtleben vom Fluss. Ein Dorn im Auge vieler. Die Initiative »Stadt an den Fluss« von Bürgern, Architekten und Stadtplanungsamt sucht Lösungen. Sie definieren »NeckarOrte«, die wieder zugänglich und nutzbar gemacht werden könnten. Am nördlichen Ufer ist das nicht notwendig. Hier erfreuen sich die Neckarwiesen großer Beliebtheit.

Von den Neckarwiesen über die Neuenheimer und die Ziegelhäuser Landstraße fährt man bis zur Neckarhelle. Parallel zur Autostraße führt ab der Alten Brücke ein Fußweg direkt am Neckar entlang. Teilweise ist dieser gepflastert und wirkt, als sei er schon vor Jahrhunderten angelegt worden. Hier liefen im 20. Jahrhundert die Wäscherinnen von Ziegelhausen mit der frischen Wäsche in die Stadt und lieferten gereinigte und gemangelte Kleidung, Tisch- und Bettwäsche an die vermögende Kundschaft. Über 200 Heim- und Kleinbetriebe zählte man 1934 im östlichen Vorort. Hier ritten auch die Boten, und hier wanderten die Gesellen auf der Walz.

Heute spazieren Verliebte und Freunde über den schmalen Pfad, beobachten die Schiffe an der Staustufe Heidelberg, einer Doppelschleuse und einem Wasserkraftwerk, und schauen sich interessiert den Seilzug an, der kleinere Boote aus dem Wasser zieht und über eine Schiene ein paar Meter weiter wieder ins Wasser entlässt. Am besten sucht man sich einen lauschigen, teilweise sandigen Platz am Ufer und bringt ein Fläschchen und einen Picknickkorb mit. Abseits vom bunten Treiben auf den Neckarwiesen oder dem touristischen Heidelberg kann man den Neckar in Ruhe genießen.

Adresse Ziegelhäuser Landstraße, 69120 Heidelberg-Neuenheim | **ÖPNV** Haltestelle Alte Brücke Nord, Hirschgasse oder Stift Neuburg der Buslinie 34 | **Anfahrt** Parkhaus P16 Nordbrückenkopf, von dort einen guten Kilometer über die Neuenheimer Landstraße bis zur Alten Brücke | **Tipp** Entlang der Ziegelhäuser Landstraße stehen rund 20 Villen und Wohnhäuser, die meisten zwischen 1890 und 1910 erbaut, viele unter Denkmalschutz. Hier wohnte die bessere Gesellschaft Heidelbergs, residierten Gutbetuchte aus ganz Deutschland am Wochenende und in den Ferien, und die Architekten errichteten herrliche Vorzeigeobjekte.

32 Der Ginkgo-Baum
Mahnmal für Frieden und Umweltschutz

Es ist ein bisschen wie verhext: Eigentlich ist der vom Landschaftsarchitekten Johann Christian Metzger 1830 gestaltete Stadtgarten eine Oase. Ein grüner Flecken, kaum größer als ein Tennisplatz. Ein Rasen zum Verweilen, Erholen, Sonnen, Lesen und Freundetreffen. Dazu ein Pavillongebäude mit Gastronomie. 1936 wurde der Prachtbau nach Plänen von Franz Sales Kuhn gebaut, der auch das Alte Hallenbad entworfen hat. Längst ist entschieden, dass ein italienisches Restaurant für die Verpflegung sorgen soll, doch Wasserschäden und Renovierungsbedarf verzögerten die Eröffnung.

An dem exotischen Baum, der gemeinsam mit vielen anderen die Grünfläche umrandet und vom umläufigen Gehweg wunderschön mit Stadtgarten und Haus zu sehen ist, lag die Verzögerung sicherlich nicht. Obwohl auch der Ort seiner Herkunft schwere Zeiten durchlebte: Im April 2016 erschütterte ein Erdbeben die zweitgrößte Insel Japans, auf der Heidelbergs Partnerstadt Kumamoto liegt. Zehntausende mussten evakuiert werden, und riesige Schäden zerstörten viele Teile der hübschen grünen Stadt, die auch »Stadt der Wälder« genannt wird.

Ihr Stadtbaum ist der »Ginkgo biloba«, und den brachte Bürgermeister Yasuyuki Misumi anlässlich seines Besuchs einer Aktionswoche des »Heidelberger Freundeskreis Kumamoto« mit in die Kurpfalz. Am 28. September 2000 pflanzte er mit der damaligen Oberbürgermeisterin Beate Weber den im gleichen Jahr zum »Baum des Jahrhunderts« und »Mahnmal für Umweltschutz und Frieden« erklärten Zierbaum. Die Partnerschaft verpflichtet, und so spendete der Heidelberger Freundeskreis fleißig für Erdbebenopfer und Wiederaufbau. Zwischen den beiden Partnerstädten liegen fast 9.000 Kilometer, dennoch findet ein regelmäßiger Austausch statt. Die Besucher aus Japan werden hier – wie die Neckarstädter in Japan – herzlichst empfangen. Und der exotische Ginkgo ist immer mittendrin.

Adresse Friedrich-Ebert-Anlage 2, 69117 Heidelberg-Altstadt | **ÖPNV** Haltestellen Seegarten der Bus- und Straßenbahnlinien 5, 21, 23, 26, 33, 34 und M 3 | **Anfahrt** wenige Parkplätze in den umliegenden Straßen, besser in die Parkhäuser P1 Poststraße, P10 Friedrich-Ebert-Platz oder Darmstädter Hof fahren | **Tipp** Passend zur Hilfsbereitschaft der Heidelberger für ihre Freunde aus dem Fernen Osten steht manchmal ein sogenanntes »FairteilerMobil« im Stadtgarten und auch an anderen, wechselnden Orten in Heidelberg. Die Beschriftung »Nimm oder gib, was du willst« fordert auf, nicht mehr gebrauchte Gegenstände in den überdachten Einkaufswagen zu legen oder sich etwas zu nehmen. Fair geteilt eben.

33 Das Grab des Soldaten
Über 20 Kilometer steile Wege und Geschichten

Der Bergfriedhof wird auch gern als »Ruhestätte der Prominenten« bezeichnet. Hier liegen Menschen, die es in ihrem Leben zu etwas gebracht haben. Der in Heidelberg immer noch omnipräsente Reichskanzler Friedrich Ebert. Der Chemiker Robert Wilhelm Bunsen. Die Schriftstellerin Hilde Domin, zu deren Grab sogar Wegweiser führen. Der Heidelberger Zigarrenproduzent Philipp Jakob Landfried. Der Komponist und Dirigent Wilhelm Furtwängler und der Astronom Max Wolf, dessen Grab aus einem einzigen großen Naturstein besteht. Die Namensliste könnte noch seitenlang so weitergehen.

Auch der etwas weniger bekannte Rechtsphilosoph und Justizminister der Weimarer Republik Gustav Radbruch wurde an den Hängen des Gräberfeldes beerdigt. Sein Grab ist eine von 17.405 Ruhestätten. Es liegt eher unscheinbar in einer Sackgasse. Nebenan fällt ein altes, schlichtes Holzkreuz auf, ein wenig vermodert, am unteren Ende morsch. Wenn es nicht von stützenden Metallstäben gehalten würde, fiele es um. Die Inschrift verrät, dass es sich um den Sohn des Reichsministers handelt, der in den Zweiten Weltkrieg ziehen musste. Anselm Radbruch fiel nach rund 24 Jahren Lebensjahren 1942 bei der Schlacht um Stalingrad, sein Leichnam kam nie zurück. Im Familiengrab mit dem Vater wurde auch Anselms Schwester Renate begraben. Sie starb bereits 1939 bei einem Skiunfall, nicht einmal volle 24 Jahre alt. Welch eine tragische Geschichte für den 1933 als erster deutscher Professor von den Nazis aus dem Staatsdienst geworfenen Mann. 1949 starb er an einem Herzinfarkt – möglicherweise die Folge der zuvor erlittenen Herzschmerzen.

Das Grab liegt in der Waldabteilung. Am schnellsten erreicht man es vom obersten Eingang am Steigerweg. Auf dem dort stehenden Friedhofsplan ist es unter der Nummer 19 zu finden. Die Lebensgeschichte der Radbruchs zeigt, dass hinter jedem Grabstein mehr steckt als eine Inschrift.

Adresse Haupteingang Bergfriedhof auf Höhe Rohrbacher Straße 106, 69126 Heidelberg-Südstadt; Zugang auch über Steigerweg 20, 69115 Heidelberg-Weststadt | **ÖPNV** Haltestelle Bergfriedhof der Bus- und Straßenbahnlinien 23, 24, 29 und M1 | **Anfahrt** wenige Parkplätze an der Rohrbacher Straße und am Steigerweg | **Tipp** Heidelberg unterhält 17 Friedhöfe. Der mit der besten Aussicht ist der Ehrenfriedhof. Die Gedenkstätte für Soldaten und Kriegsopfer liegt oberhalb des Bergfriedhofs und ist über den Steigerweg zu erreichen.

34 Die Grenzwerker
Liebschaften aus Holz, Metall und Stoffen

Stellen Sie sich eine Schreinerei vor. Überall Holz. Der Duft des Naturmaterials liegt in der Luft. Stellen Sie sich eine schöne Schreinerei vor. Schwere Bretter lehnen an der Wand, außen stapelweise Stämme und innen Sägen, Hobel und ein holzverkleideter Werkstattraum. Und jetzt legen Sie noch ein Scheit nach. Dann sind Sie im Grenzhof 15.

Hier wurde der Traum von einem perfekten Arbeitsplatz realisiert, um kreative Ideen mit verschiedenen Talenten umzusetzen, mit Kollegen gemeinsam zu planen, zu gestalten und zu werken. Eine 1850 gebaute und heute denkmalgeschützte Scheune war baufällig geworden. Ideal für den Möbelgestalter Martin Sessler, der den Schober kaufte, seine Fähigkeiten einbrachte und aus dem verfallenen Gebäude eine Werkstatt zimmerte. Mitten in der idyllischen Natur fand er Wandergesellen und Handwerker, die ihm halfen und gemeinsam die »Grenzwerker« gründeten. Dabei entstand nicht nur ein Ort zum Arbeiten, sondern es wurden auch fünf Wohnungen und ein Kulturort für Feste und Konzerte eingerichtet. Mit der Zeit kam eine Klangkörper-Manufaktur hinzu, in der Christof Linhuber seine Klangobjekte baut, präsentiert und Musiktherapien anbietet. Auch Yasmin Skeirek schloss sich mit ihrem Atelier an und entwirft und schneidert Maßgefertigtes vom lässigen Shirt bis zum Brautkleid aus nachhaltigen Materialien.

Man sieht den Grenzwerkern an, dass sie ihre Passionen gefunden haben, und man spürt es auch im besuchbaren Showroom. Dort stehen viele Objekte des Gründers. »Möbel Liebschaften« nennt Sessler die mit seinem Partner Christian Kusenbach entwickelten funktionellen Kreationen. Es handelt sich dabei um hochwertige Einzelstücke, komplette Hotelausstattungen oder Altbausanierungen. Das Design gewann reihenweise Preise, und mit diesem Ansporn suchen die Grenzwerker weiterhin neue Herausforderungen in ihrer ganz besonderen Schreinerei.

Adresse Grenzhof 15, 69123 Heidelberg-Wieblingen, Tel. 06202/9506675, www.grenzwerker.de | **Anfahrt** Anfahrt über Wieblingen und Eppelheim, Parkplätze am Grenzhof 15 | **Öffnungszeiten** am besten vorher anrufen | **Tipp** Und was macht der Möbelgestalter Martin Sessler in seiner Freizeit? Er mischt sich unter die Touristen aus aller Welt und genießt den selbst gemachten Kuchen, den leckeren Kaffee und die »immer schöne Stimmung« in der Casa del Caffè (Steingasse 8, 69117 Heidelberg-Altstadt).

35_Die Gutleuthofkapelle
Heiraten. Beten. Pilgern. Wie vor 600 Jahren.

Wenn man heiraten möchte, soll der Tag unvergesslich sein. Dazu gehören Freunde und Familie, eine phänomenale Feier, ein Kleid wie gemalt, ein Blumenmeer und ein romantischer Ort. Hochzeiten finden immer häufiger in ausgefallenen Locations statt. Der Tankturm ist so eine, ebenso Abtei Neuburg oder die alte Weinfabrik. Zuerst geht es ins Standesamt. Wahlweise – endlich auch für gleichgeschlechtliche Paare – ins Rathaus, ins Schloss, in die Stadthalle oder ins Palais Prinz Carl. Höhepunkt ist der Gang zum Traualtar in einer bildhübschen Kirche. Zum Beispiel in der bekannten Heiliggeistkirche. Auch die lichterfüllte Jesuitenkirche ist ein Gedicht, die Friedenskirche an der Tiefburg nach Renovierung außergewöhnlich und das Gotteshaus der Kapellengemeinde in der Plöck ein puristischer Augenschmaus.

Eine Kirche wie aus dem Bilderbuch ist die Gutleuthofkapelle Sankt Laurentius in Schlierbach. 1430 stiftete der Pfalzgraf Ludwig III. den einfachen Bruchsteinbau. Rechteckig auf der einen, rund auf der anderen Seite, haben darin nur die Allerliebsten auf weniger als 40 Quadratmetern Platz.

Die Kirche hat eine Auferstehung hinter sich, war mit Büschen zugewachsen und mit Graffiti bemalt. Erst vor ein paar Jahren sehnten sich die Schlierbacher nach ihrem fast 600 Jahre alten Prunkstück und legten Hand an. Die Gemeinde begann wieder, Gottesdienste zu feiern oder still zu beten. Mittelalterliche Fresken und zehn Weihekreuze schmücken die Wände, durch die bunten Fenster scheint das Sonnenlicht. Von hier aus kann man am Neckar entlang zu den Altstadtkirchen oder über die Ruine des Sankt-Michaels-Klosters zur Friedenskirche nach Handschuhsheim wandern. In der Tradition der Pilger dienen die »spirituellen Wanderpfade« der inneren Einkehr. Hochzeiten mit »eigenem Pfarrer« mit bis zu 25 Gästen dürfen stattfinden, und in diesem Rahmen sagt der Herzenspartner ganz sicher »Ja«.

Adresse Gutleuthofweg 2a, 69118 Heidelberg-Schlierbach, Tel. 06221/90080, www.gutleuthofkapelle.de | **ÖPNV** Haltestelle Bahnhof Schlierbach / Ziegelhausen der Buslinien 33, 35, 36 und M 4 oder mit der S-Bahn S 1 und S 2 | **Anfahrt** über die B 37 am Neckar entlang, vor der Schlierbacher Neckarbrücke rechts, hinter dem Bahnhof geradeaus, Parkplätze oberhalb der Kapelle und gegenüber den Fahrradständern | **Öffnungszeiten** von außen durchgehend; So 10–17 Uhr (stilles Gebet), Mo 7.15–7.45 Uhr (Morgengebet), Mi 20.15 Uhr (katholische Eucharistiefeier), Do 19.30 Uhr (Taizé-Gebet, einmal monatlich) | **Tipp** Gleich nebenan, im alten Bahnhof, findet man auf über 400 Quadratmetern ein Blumen- und Pflanzenmeer. »Flowerstation« nennt Diana Ambergs ihre duftende Zweckentfremdung der ehemaligen Empfangshalle für Reisende.

36 Die Hans-Thoma-Bilder
Glaube und Finsternis

Die Peterskirche in der Plöck ist die älteste Kirche in Heidelberg. Im 12. Jahrhundert wurde an gleicher Stelle das erste Gotteshaus erbaut, 1485 das heutige errichtet, danach mehrfach verändert, umgestaltet und nach teilweiser Zerstörung wiederhergestellt. Um die Kirche findet man Grabsteine aus den letzten vier Jahrhunderten und Sitzbänke.

Seit 1896 werden hier, gegenüber der Universitätsbibliothek, die offiziellen evangelischen Universitätsgottesdienste gefeiert. An den Begründer und ersten Rektor der Universität, Marsilius von Inghen, erinnert eine Gedenktafel im Boden in der südlichen Seitenkapelle. Dort ist auch die Grabplatte der italienischen Dichterin und Humanistin Olympia Fulvia Morata zu finden. »Wegen ihr kommen häufig Besucher«, erzählt eine der 30 Helferinnen, die während der Öffnungszeiten Auskunft geben.

Wegen der monumentalen Leinwandbilder auf der Frontseite der beiden neugotischen Seitenschiffe kommen sie nicht. Dabei hängen hier zwei bedeutende Werke des deutschen Malers Hans Thoma: »Petrus auf dem Meer« (siehe Foto) und »Christus und Maria Magdalena«. Der Künstler reiste nach Italien und England, lebte in Paris, München und Frankfurt. Künstlerische Anerkennung fand er in Karlsruhe. Dort arbeitete er an der Großherzoglichen Kunstschule. 1901 starb seine geliebte Frau, eine Stillleben- und Blumen-Malerin. Er fiel in Depressionen, fand Trost im Christentum, erkannte aber auch, dass er seine Stärke selbst wiedererlangen musste. Im Mai 1902 begann er mit den Arbeiten für die Peterskirche, in denen sich seine dunklen Emotionen, aber auch sein Glauben widerspiegeln. Am 16. November 1902 wurden die Gemälde feierlich im Rahmen eines Universitätsgottesdienstes enthüllt, musikalisch begleitet vom Heidelberger Bachverein. Neben dem Maler waren auch der Großherzog von Baden und die zweite Ehefrau von Richard Wagner, Cosima Wagner, dabei.

Adresse Plöck 70, 69117 Heidelberg-Altstadt, Tel. 06221/163230, www.peterskirche-heidelberg.de | **ÖPNV** Haltestelle Peterskirche der Buslinien 30 bis 33, M2 und M5 | **Anfahrt** Parkhäuser in der Friedrich-Ebert-Anlage, von dort rund 300 Meter | **Öffnungszeiten** Mo–Fr 11–17 Uhr, Sa 10–13 Uhr | **Tipp** Eine moderne Note erhielt die Peterskirche durch die erst in diesem Jahrhundert installierten Auferstehungsfenster von Johannes Schreiter. Der Grafiker und Maler ist für seine Kirchenfenster bekannt und mit einem Bleiglasfenster im Seitenflügel der Heidelberger Heiliggeistkirche auf dem Marktplatz vertreten.

37 Das Heart & Soul
Lebendige Kirche mit Verkaufsraum

Die großen konfessionellen Kirchen mit ihren traditionellen Mustern – katholisch wie evangelisch – verlieren immer mehr Gläubige, die sich zurückziehen oder neue Wege suchen. Einen dieser Wege bieten freie Kirchen. Hier wird auf das Miteinander Wert gelegt. Gottesdienste werden nicht nur gehalten, sondern wirklich mit Live-Band, modernen Liedern und mitreißenden Predigten gefeiert. Für jeden werden individuelle Programme gestrickt, Kinder finden spielerische Ansätze, junge Erwachsene passende Musik und Familien eine Gemeinschaft, die im Glauben zusammenführen will. Ein Beispiel dafür ist die evangelische LIFE Church. Menschen aus verschiedenen Nationen erleben hier seit über 60 Jahren Gott in einem modernen, inspirierenden Umfeld. Jeder ist willkommen, jeder darf mitmachen, keiner muss. Und am Ende jeder Veranstaltung treffen sich die aus vielen Ländern stammenden Teilnehmer zum Kennenlernen.

Abseits ihrer kirchlichen und seelsorgerischen Aktivitäten hat die LIFE Church ein beispielloses Ladenkonzept entwickelt. »Ankommen und wohlfühlen« lautet die Prämisse. Kunst und Mode von regionalen Künstlern und Produzenten werden angeboten. Doch eigentlich steht auch hier das Miteinander im Vordergrund. Es gibt zahlreiche Sitzmöglichkeiten, Kaffee, ab und an ein Konzert, Internet ist kostenfrei, man darf arbeiten, lesen, einfach nur entspannen oder mitgebrachtes Essen verzehren. Hier sind alle mit dem Herzen dabei, und die Gäste dürfen die Seele baumeln lassen. »Sich zu Hause fühlen« lautet das oberste Ziel der Betreiber, die auf ihren Flyern zum »Reinschnuppern«, »Neues Entdecken« oder »Durchblick bekommen« durchaus gewollt zweideutig einladen. Eng zusammen arbeitet das »Heart & Soul«, wie der Ort heißt, mit einem Verein, der ein paar Häuser weiter kreatives Co-Working betreibt und selbst – statt eines Flohmarkts – von Zeit zu Zeit einen »Frohmarkt« veranstaltet.

Adresse Bergheimer Straße 133, 69115 Heidelberg-Bergheim, Tel. 06221/22727, www.heidelbergchurch.de | ÖPNV Haltestelle Betriebshof der Bus- und Straßenbahnlinien 21, 22, 24, 32, 34, 35, M 2 und M 5, von dort rund 100 Meter | Anfahrt wenige Parkplätze am Straßenrand | Öffnungszeiten Di 12–18 Uhr, Mi–Fr 10–18 Uhr und bei Konzerten am Abend | Tipp Ein Stückchen näher am Himmel ist man auch auf der Terrasse des Qube Hotels, rund 200 Meter vom »Heart & Soul« entfernt. Über den Dächern der Stadt sitzt man auf der zum Restaurant des Hauses gehörenden Aussichtsplattform mit schönem Rundumblick.

38 Die Heidelberg-Fotos
Panoramen und Bilder wie gemalt

Touristenscharen eilen mit digitalen Kameras oder Smartphones von Sehenswürdigkeit zu Sehenswürdigkeit. Der Reporter Andreas Altmann schimpft, dass viele Reisende erst zu Hause auf dem Bildschirm entdecken, wo sie gewesen sind und was es alles zu sehen gegeben hätte. Die Erfindung der digitalen Fotografie ermöglicht es, kostengünstig und schnell auf den Auslöser zu drücken. Die Ergebnisse sind austauschbar und in den meisten Fällen bestenfalls eine nette Erinnerung.

Damit man sich auf das Wesentliche konzentrieren kann, haben Alexander Ehhalt und Bernhard Eisnecker die Galerie »Heidelberg Images« gegründet. Die Profi-Fotografen haben ihr Handwerk im Studio, in der Architektur und in freier Natur gelernt. Sie sind in Heidelberg zu Hause, kennen die Stadt wie ihre Westentasche und haben sie unzählige Male mit dem Blick des Fotografen durchstreift. Sie sind viele Kilometer bis zu einer perfekten Stelle gewandert, haben stunden- oder wochenlang gewartet, bis ein Motiv im richtigen Licht war und auch das Wetter mitspielte. Herausgekommen ist eine einmalige Sammlung Heidelberger Farb- und Schwarz-Weiß-Aufnahmen, die sie in ihrer Galerie im alten Badehaus ausstellen und in Formaten von preiswerten Postkarten bis zu teureren Großbelichtungen für das heimische Wohnzimmer anbieten. Und eine Sammlung historischer Aufnahmen aus den eigenen Archiven der Fotografen gibt es außerdem.

Man muss sich in diese Bilder verlieben, weil sie nicht einfach nur Schloss, Alte Brücke oder Neckarwiesen zeigen, sondern weil sie Stimmungen aufgreifen, Emotionen vermitteln und Augenblicke einfangen, die man auch bei seinem 100. Besuch in Heidelberg so noch nicht gesehen hat. Diesige Nebelschwaden werden zur Kunstform. Die Sonne dient als Wärmestrahler auf den alten Mauern. Und selbst die jahrhundertealten Heidelberger Geschichten werden in den Schwarz-Weiß-Bildern spürbar.

Adresse Plöck 32a, 69117 Heidelberg-Altstadt, Tel. 06221/21508, www.heidelberg-images.com | **ÖPNV** Haltestelle Friedrich-Ebert-Platz der Buslinien 31 bis 33, M 2 und M 5 | **Anfahrt** Parkhaus P10 am Friedrich-Ebert-Platz | **Öffnungszeiten** Di–Fr 11–18 Uhr, Sa 11–16 Uhr | **Tipp** 300 Meter weiter findet man Stefan Schöbel, der das lesenswerte Buch »Intellektuelle in Heidelberg 1910–1933« herausgebracht hat. Den bekennenden Kommunisten, der auch mal die Kanzlerin lobt, trifft man Mo–Fr 11–19 Uhr und Sa 11–14 Uhr in seinem Antiquariat in der Plöck 56a.

39 Der Heilkräutergarten
Auf die Dosis kommt es an

Für Hildegard von Bingen waren Krankheiten ein Defizit, die Gesundheit Zeichen für das Gleichgewicht der Seele. In ihren Werken predigte sie die Hinwendung zum Glauben, der allein für Heilung sorgen könne. Parallel bediente sie sich in Gottes Natur und beschrieb die Wirkung von rund 280 Bäumen und Pflanzen auf kranke Menschen. Sie gilt als erste Ärztin und Vorläuferin der Naturheilkunde. In Zeiten der modernen Medizin und milliardenschwerer Pharma-Unternehmen wird auch ihre Naturheilkunde neu entdeckt. Bio-zertifizierte Lebensmittel, Verzicht auf Medikamente mit Nebenwirkungen und die Suche nach einem naturnahen Leben sind angesagt.

Frei nach dem Motto »Gegen alles ist ein Kraut gewachsen« haben sich auch die Benediktiner in Stift Neuburg mit Heilpflanzen beschäftigt und für den Anschauungsunterricht einen Kräutergarten angelegt. Eine dort aufgestellte Tafel lädt dazu ein, »über Gesundheit und Krankheit nachzudenken und den Schöpfer in den Zusammenhängen seiner Schöpfung zu erahnen«.

Sechs Themen sind auf sechs Beete verteilt: zum Beispiel Salbei und Lungenkraut für die Atemwege, Pfingstrose und Paprika für geschmeidige Bewegung, Kamille und Echte Aloe für schöne Haut, Johanniskraut und Maiglöckchen für einen geregelten Herz-Kreislauf, Hopfen und Lavendel gegen Nerven- und Hormon-Beschwerden sowie Kümmel und Knoblauch gegen Verdauungsprobleme. Rund 40 Pflanzenarten kann man entdecken und – wenn man möchte – deren genaue Wirkung und Dosierung in den Schriften der heiligen Hildegard oder in vielen anderen Ratgebern in den Buchläden nachlesen.

Aber bitte pflücken Sie keine Kräuter und probieren Sie nichts, denn Arzneipflanzen können in falscher Dosierung giftig sein. Die derzeit elf Benediktiner des Stifts können damit traditionell umgehen. Vor allem in den Klöstern wird das Wissen um die Heilkräfte der Pflanzen schon seit Jahrhunderten gesammelt.

Adresse Stiftweg 2, 69118 Heidelberg-Ziegelhausen, Tel. 06221/8950, www.stift-neuburg.de | ÖPNV Haltestelle Stift Neuburg der Buslinie 34, von dort rund 300 Meter bis zur Klosterpforte | Anfahrt wenige Stellplätze entlang der Straße, Parkplatz oberhalb der Kloster-Gaststätte und des Klostershops | Öffnungszeiten durchgehend | Tipp Natascha Schatz bietet in ihrem teilweise wie eine alte Apotheke wirkenden Lädchen »Natürlich Feines« in der Ladenburger Straße 25 eine individuell zusammengestellte Produktpalette und ist eine echte Alternative zu den Bio-Markt-Ketten in der Stadt.

40 Der Highway der Studenten
Autofrei quer durch die Stadt

Eine typische Szene im Straßenverkehr einer beliebigen Stadt: die Ampel rot, ein Fahrradfahrer rollt an den wartenden Fahrzeugen vorbei. Es wird grün, die Autos geben Gas, der Fahrradfahrer tritt in die Pedale. Leider hat der Autofahrer den Radler übersehen, will rechts abbiegen und bremst im letzten Moment, als er im Augenwinkel das Zweirad registriert. Das war knapp.

Stadtverwaltungen haben diese Problematik längst erkannt, suchen und bauen Fahrradwege möglichst durchgehend durch ihre kommunalen Räume, um die Sicherheit aller im Straßenverkehr zu verbessern. In Heidelberg ist der Wunsch nach einem Radwegenetz sicherlich noch ein wenig größer als anderswo. Schließlich sind rund ein Viertel der Einwohner Studenten, die bekanntermaßen recht gern mit dem preiswerten Vehikel von A nach B streben. Aktuell sind es über 120 Kilometer Wege, die sich durch die gesamte Stadt schlängeln, meistens parallel zu den Verkehrsstraßen und damit immer auch mit einem Restrisiko an Kreuzungen, Überquerungen und Ampeln. Das Land Baden-Württemberg lobte die Stadt 2012 als »fahrradfreundliche Kommune«. Als Preis gab es eine Fahrradzählanlage, deren Ergebnisse man auf der städtischen Webseite nachlesen kann. In einem Jahr kommen an den vier Messstationen Ernst-Walz-Brücke, Plöck, Gaisbergstraße und Mannheimer Straße über fünf Millionen Drahtesel vorbei.

Auf meinem Lieblingsradweg begegnet man lediglich ein paar Spaziergängern, Autos sind hier ausgeschlossen. Von der Altstadt bis zur S-Bahn-Station Kirchheim/Rohrbach führt die Strecke, teilweise auf einem alten Bahndamm, manchmal auf erdigem Grund, meistens auf asphaltierten Wegen, quer durch die West- und Südstadt, vorbei am Kirchheimer Loch und entlang der ehemaligen US-Kasernen. Wem das in eine Richtung genügt, der fährt mit der S-Bahn zurück.

Adresse S-Bahn-Station Rohrbach/Kirchheim, Bürgerstraße, 69124 Heidelberg-Kirchheim | **ÖPNV** Start- oder Endpunkt S-Bahn-Haltestelle Kirchheim/Rohrbach mit S 3 und S 4, erreichbar auch mit den Buslinien 28, 33 und M 3 | **Anfahrt** Parkplätze an der S-Bahn | **Tipp** In der Fahrradstadt Heidelberg kann man an vielen Stellen Räder leihen. Zum Beispiel bei »VRN-Nextbike« und »Call a bike« ganz einfach mit dem eigenen Handy: anmelden, Code holen, losfahren.

41 Die Himmelsleiter
Das »Must-have« für kernige Heidelberger

Alle Wege führen nach Rom, in Heidelberg führen viele hinauf zum 567 Meter hohen Königstuhl. Die bequeme Fahrt mit der historischen Bergbahn ist wohl der schönste, die Wanderung auf fast direktem Weg über die steile Himmelstreppe ganz sicher der anstrengendste. Wer gute Kondition mitbringt, trittsicher ist, ordentliches Schuhwerk trägt und mindestens drei Stunden Zeit hat, sollte vom Kornmarkt in der Altstadt bis zum Schloss und weiter in den Molkenkurweg gehen. Hier steht auf dem Parkplatz vor der ersten spitzen Kehre ein Schild. Bis zum Gipfel klettert man über Sandsteinstufen, genießt die Aussicht auf Orte wie das Wild-Werk, Hersteller der weltbekannten Capri-Sonne, auf Mannheim, Ludwigshafen, BASF, die Bergstraße oder bei guter Sicht sogar bis zum Stadion der TSG Hoffenheim. Nach einem kühlen Getränk an der Bergbahn gleitet man mit selbiger zurück ins Tal.

Rund 1.600 Stufen sind es von ganz unten bis ganz oben. Etwa 1.200 davon gehören zur 680 Meter langen Himmelsleiter. Diese ließ der städtische Forstamtsleiter Adam Laumann 1844 errichten. Sie ersetzte die bereits zuvor genutzten Pfade durch den Wald, die sich bis heute tief in das Gelände graben und als Hohlwege sichtbar, aber aufgrund der Verwilderung kaum begehbar sind. Während der Forstmeister den einfachen Aufstieg und den Schutz der Pflanzen im Sinn hatte, ist die Sandsteintreppe nun vor allem Ziel geübter Wanderer und Startpunkt des Neckarsteigs, der 126 Kilometer von Heidelberg parallel zum Neckar bis nach Bad Wimpfen führt. Unabhängig von der ohnehin schon anstrengenden Strecke ist ein langsames und aufmerksames Gehen auf den unterschiedlich großen, teilweise ausgetretenen und nassen Stufen unerlässlich. Doch wer ein echter Heidelberger sein will, muss in seinem Leben mindestens einmal in den Himmel gestiegen sein. Denn viele Wege führen zum Königstuhl, aber nur einer geht direkt in den Himmel.

Adresse Einstieg an der Talstation der Bergbahn, Zwingerstraße 20, 69117 Heidelberg-Altstadt | **ÖPNV** Haltestelle Rathaus-Bergbahn der Buslinie 33 | **Anfahrt** Parkhaus P12 Kornmarkt/Schloss | **Öffnungszeiten** immer zugänglich, bei Dunkelheit oder schlechter Sicht gefährlich | **Tipp** »Tinnunculus« heißt die Falknerei auf dem Königstuhl, an deren rückwärtiger Seite man von der Himmelsleiter auskommt. Flugvorführungen der eleganten Vögel mit dem langen Schwanz werden von April bis Oktober angeboten, in den Wintermonaten bleibt die Falkenstation geschlossen (www.tinnunculus-heidelberg.de).

42 — Die Hochebene
Innenhof mit Aussicht

Der Darmstädter Hof ist das Tor zur Altstadt. Von dem ehemaligen Hotelkomplex und heutigen Einkaufszentrum verläuft die Hauptstraße – Deutschlands längste Fußgängerzone –, an der Heiliggeistkirche vorbei, über den Marktplatz bis zum Karlstor. Zugegeben, an das Prachthotel aus dem späten 19. Jahrhundert erinnern nur noch der Standort und die Fassade, die man der ursprünglichen Bauweise nachempfunden hat. Innen hat sich dagegen vieles geändert. Auf dem 12.000 Quadratmeter großen Gelände gab es neben dem Hotel viele weitere Wirtschaftsgebäude und Höfe. Jetzt bedienen in den unteren Stockwerken die Mitarbeiter der 26 Shops, Restaurants und Dienstleister über 15.000 Kunden pro Tag. Weiter oben findet man Arztpraxen, Büros und die mehrfach ausgezeichnete »F+U Academy of Languages«, eine der besten Sprachschulen Deutschlands. Und mittendrin gibt es das City-Bad, das nach einer Renovierung gerade erst wiedereröffnet wurde. Bis 1979 waren der Abriss des Hotels und der Neubau des »Darmstädter Hof Centrums« abgeschlossen.

Wenn man mit dem Fahrstuhl des Einkaufszentrums nach oben fährt oder in der Fahrtgasse die Außentreppe am City-Bad hochsteigt und aus dem Gebäude tritt, erreicht man eine mediterran anmutende Plattform. Wie in einem Innenhof, aber in luftiger Höhe steht man auf Pflastersteinen zwischen ausgewachsenen Bäumen. Es gibt Fahrradständer, Steinstufen und Mäuerchen zum Sitzen und eine betonierte Hügellandschaft zum Spielen. Hier oben wurden private Wohnungen mit eigenem Zugang zum »Innenhof« eingerichtet. Von hier aus und von den Balkonen der noch höher liegenden Stockwerke genießt man den Blick auf die umliegenden Berge und in die Ferne.

Und genau hier kann man sich vorstellen, wie herrlich man sich als Gast im Hotel Darmstädter Hof in seinem Zimmer mit Aussicht vor 100 Jahren gefühlt haben muss.

Adresse Hauptstraße 1, 69117 Heidelberg-Altstadt | **ÖPNV** Haltestelle Bismarckplatz der Bus- und Straßenbahnlinien 5, 9, 21, 22, 23, 25, 29, 31 bis 35 und M 1 bis M 5 | **Anfahrt** Parkhaus P4, Zufahrt über Sofienstraße oder Fahrtgasse | **Öffnungszeiten** Center: Mo–Sa 6–21.30 Uhr, So während der Öffnungszeiten des Schwimmbads; Shops: Mo–Sa 10–20 Uhr | **Tipp** In der St.-Anna-Gasse 3 arbeitet die Floristmeisterin Susanne Diehl in ihrem Laden »Blume sucht Vase«. So phantasievoll wie der Name des Geschäfts ist, so kreativ gestaltet ihr Team Dekorationen mit Blumen und Pflanzen für viele Anlässe und bietet allerlei drum herum (www.blumesuchtvase.de).

43 Die Hochwasseranzeige
Oder das Ende der Alten Brücke

Aufgewachsen bin ich im Weinanbaugebiet Rheingau. Der Rhein war unsere Grenze nach Süden, unüberwindbar. Jedes Jahr im Winter oder Frühling stieg das Wasser des Flusses an. Mal nur bis zum Leinpfad, dem kleinen Weg am Ufer, mal darüber, und manchmal drückte es sich durch die Unterführungen auf die Rheinwiesen und in die Keller der Häuser. Zur Jahreswende 1982/1983 übertrieb es der Rhein, setzte fast 1.000 Häuser unter Wasser, Sandsäcke und Feuerwehren waren chancenlos, und ich konnte mit Freunden auf der erhöht gebauten Bundesstraße direkt am Rheinufer mit dem Kajak über die B 42 paddeln. Unfassbar, mit welcher Kraft das Wasser sich damals seinen Weg durch Mauern und Tore gebahnt hat.

In Heidelberg habe ich selbst noch kein Hochwasser erlebt. Deshalb die Geschichte aus meiner Jugend. Wenn man es einmal gesehen hat, kann man nachvollziehen, was ein sogenanntes »Jahrhunderthochwasser« bedeutet. Heidelberg hat davon einige erlebt. Als das Schloss 1278 brannte, weinte auch der Neckar sein Wasser über die Uferwege. Der höchste Wasserstand wurde jedoch am 27. Februar 1784 gemessen: 9,40 Meter. 39 Gebäude wurden zerstört, 290 Bäume beschädigt, zahlreiche entwurzelt und ein Teil der Stadtmauer eingerissen. Am schlimmsten traf es die Neckarbrücke, die von eisigem Wasser und den darin schwimmenden Eisschollen förmlich weggerissen wurde. So lautete die bittere Bilanz, die der Heidelberger Geschichtsverein aufgeschrieben hat. Doch wie muss man sich das vorstellen? Auf dem Brückenpfeiler der nach der Katastrophe erstmals komplett aus Stein gebauten und bis heute stehenden Alten Brücke und an der Hauswand des Eckhauses Pfaffengasse/Neckarstaden sind die Pegel der Hochwasser markiert. Die Zahl aus dem Jahr 1784 ist weit über den Köpfen der Hausbetrachter zu lesen. So weit, dass man sich sehr leicht vorstellen kann, was passieren würde, wenn gerade jetzt das Wasser wiederkäme.

Adresse Ecke Neckarstaden/Pfaffengasse, 69117 Heidelberg-Altstadt | **ÖPNV** Haltestelle Alte Brücke der Buslinien 35, M 4 und M 5 | **Anfahrt** Stellplätze an den Neckarstaden in unmittelbarer Nähe der Pfaffengasse | **Tipp** Die Steingasse führt direkt von der Alten Brucke auf den Marktplatz. Die touristisch stark frequentierten 100 Meter sind eine einzige Route entlang an Heidelberger Sehenswürdigkeiten. Schlendern Sie am besten erst gegen Abend hier lang, wenn die Halbpensionsgäste im Hotel sind.

44 Der Imbiss von Hakim
Kult-Spareribs mit philosophischer Beilage

Hakim ist Afghane. Als der Bürgerkrieg in seiner Heimat tobte und die Russen einmarschierten, verließ der gelernte Pelzmacher das Land – allein. Freunde hatte der damals 19-Jährige in halb Europa, denn Afghanistan war vor dem Krieg ein beliebtes Urlaubsland und Hakim gern für die Gäste zur Stelle. Italien lockte, doch am Ende wurde es Deutschland. In Heidelberg kannte er allein fünf Einheimische, die ihm ihre Gastfreundschaft anboten. Er arbeitete in der Gastronomie und bei Industrie-Unternehmen und wohnte im Süden der Stadt.

Und wie kam es zur Eröffnung des Imbiss- und Steakhauses? »Ideen liegen auf der Straße. Man muss sie nur aufheben«, lautet die pragmatische Antwort. Unmittelbar am riesigen U.S.-Army-Gelände »Marc Twain« pachtete er ein Grundstück und baute Schritt für Schritt um zwei alte, aus den 1960er Jahren stammende Busse eine Holzhütte, in der er heute seine typischen Frittenbuden-Gerichte zubereitet: Currywurst, Pommes, Fleischkäse, Frikadellen, Steaks und Spareribs. Letztere sind das Aushängeschild. Der Sternekoch Martin Scharff von der Schlossweinstube schwärmt von den »deutschlandweit besten Spareribs«. Die amerikanischen Soldaten wollten Hakim deshalb von Heidelberg mit nach Rammstein nehmen. Und heute seien es Chinesen, die »aus irgendeinem Grund« zu ihm kämen und ihn am liebsten einpacken und nach Peking verfrachten wollten. Ein Bensheimer Gast ist da entspannter. Er war schon früher bei Hakim und nimmt regelmäßig die 20 Minuten Autofahrt für die Schälrippchen in Kauf. Die isst er dann im Biergarten oder an einem der Tische im Inneren, die zusammen mit Sesseln, Sofas, Schränken, Stühlen und vielen Bildern von Gästen gebracht oder von Hakim selbst gesammelt wurden. Und jetzt komme ich dran: »Was willst du essen, Meister?«, begrüßt er mich. Ich sage: »Danke für den Meister.« Er: »Sind wir nicht alle Meister?« Hakim ist es ganz sicher.

Adresse Sickingenstraße 36, 69126 Heidelberg-Südstadt, Tel. 0173/1408154 | **ÖPNV** Haltestelle Saarstraße der Buslinien 29 und M1, von dort rund 500 Meter | **Anfahrt** Parkplätze im umliegenden Industriegebiet | **Öffnungszeiten** Di–Fr 11–21 Uhr, Sa, So 11–22 Uhr | **Tipp** Der erwähnte Martin Scharff – 25 Jahre ohne Pause mit einem Michelin-Stern ausgezeichnet – mischt in der Schlossweinstube regionale und französische Einflüsse zu eigenen Kreationen. Bei Reservierungen ab vier Personen wird das Taxi nach Hause bezahlt (www.heidelberger-schloss-gastronomie.de).

45 Der Kaffeeflüsterer
Bitter und rauchig war gestern

Heidelberg ist eine Schokoladen- und Kaffee-Stadt. Seit 1863 der Konditormeister Fridolin Knösel mit seinem »Studentenkuss« die Begegnungen zwischen Studenten und Mädchen vereinfachte, nahm die Geschichte ihren Lauf. Heute gilt das süße Konfekt mit einer Praliné-Nougat-Schokoladen-Füllung auf feinem Waffelboden als die Spezialität, die man probiert haben muss. Neben den teilweise mondänen Kaffeehäusern tauchen auch jüngere Kollegen auf.

Einer davon ist Thomas Mohr. Die Presse nennt ihn »Kaffeeflüsterer«, er selbst sagt »Coffee Nerd«. So heißt auch sein Café. Laut Duden ist ein Nerd intelligent, aber sozial isoliert. Da Thomas Mohr seine Leidenschaft für die beliebte Bohne nun ganz sozial mit anderen teilt, könnte man sagen: geheilt. Seine Philosophie: Wie beim Wein ist das »Terroir« für den Geschmack ausschlaggebend. Damit das funktioniert, werden die Kaffeebohnen nur leicht geröstet. So bleiben die natürlichen Aromen erhalten, keine bittere, rauchige oder verbrannte Note stört. Das Prozedere ist sensibel und erfordert eine tägliche Neujustierung von Temperatur, Mahlgrad und Brührate durch das geschulte Personal. Qualität, die Spaß macht, und das genießen nicht nur Studenten, sondern auch viele Stammkunden aus der ganzen Stadt und sogar weit angereiste Kaffeeliebhaber. Und dann gibt es da noch einen »kalten Kaffee«. Kalt? Ja, für den »cold brew«-Genuss, der überraschenderweise auch ohne Zucker süßlich schmeckt, werden die Bohnen 24 Stunden mit kaltem Wasser verarbeitet.

Eine heiße oder kalte Tasse und dazu selbst gemachter Kuchen werden beim Coffee Nerd in zeitlos modernem Rahmen serviert. Jede Ecke wird genutzt. Neben der Bar kleine Stühle und Tische. Zweisamkeit im Flur zum Hof. Eine Leiter weiter oben wird entspannt auf dem Sofa gechillt, darunter an Holztischen gelernt. Und wie bestellt sitzt hier eine Frau mit Laptop, Nerd-Brille und Nerd-Kaffee. Passt.

Adresse Rohrbacher Straße 9, 69115 Heidelberg-Bergheim, Tel. 0151/70002202, www.coffeenerd.de | **ÖPNV** Haltestelle Seegarten der Bus- und Straßenbahnlinien 5, 21, 23, 26, 33, 34 und M 3 | **Anfahrt** Parkhäuser im Crown Plaza, am Darmstädter Hof oder in der Poststraße | **Öffnungszeiten** Mo–Fr 9–18 Uhr, Sa 10–18 Uhr, So 12–18 Uhr | **Tipp** Besonderen Kaffee gibt es seit 1933 in der Manufaktur »Jansen-Kaffee« in der Hauptstraße 29 und samstags von 9 bis 14 Uhr am rosafarbenen Bus der Dossenheimer Rösterei »Beans of Joy« auf dem Weststadtmarkt am Wilhelmsplatz.

46_Der Keltenweg
Erste Heidelberger Hochkultur

Vor rund 2.500 Jahren lebten die Kelten in Mitteleuropa. Römer und Griechen bezeichneten sie als tapfer, aber auch brutal. Angeführt wurden die Kelten von Fürsten und Fürstinnen, eine erstaunliche Rolle der Frau für die damalige Zeit. Sie bauten Städte und schützten sich mit Wallanlagen. Innerhalb der Mauern trieben sie Handel, prägten Münzen, züchteten Schweine und Rinder und bauten Hülsenfrüchte und Getreide an. Eine bedeutende Rolle spielte die Metallgewinnung. Es gab Gold und Silber, Kupfer und Zinn, und mit Eisen stellten sie Schmuck, Messer und Waffen her. Die Historiker sind sich einig: Die keltischen Völker waren hoch entwickelt und aufgrund ihrer gewachsenen städtischen Strukturen mit vielen Menschen an einem Ort schwer zu bezwingen.

Eine dieser Siedlungen errichteten sie um 450 vor Christus auf dem Heiligenberg. Man entdeckte Reste einer Fliehburg und Kultstätten. Da der karge Boden nicht viel Landwirtschaft und Viehzucht ermöglichte, lebten sie vom Abbau, der Verarbeitung und dem Handel mit Eisenerz. Reichtum und Macht waren der Lohn, der eine wirtschaftliche Blütezeit und den Bewohnern eine zentrale Stellung in der Region brachte. Zum Schutz ihrer Siedlung bauten sie einen doppelten Ringwall mit einer inneren und einer äußeren, rund fünf Meter hohen Mauer. Sowohl im inneren Kreis als auch zwischen den Mauern wurden Hinweise auf Terrassenanlagen sowie Wohnhäuser, Hütten und Gruben entdeckt. Reste der Befestigungsmauern kann man erkennen. Am besten vom archäologischen Keltenweg aus. Auf seiner mit zehn Tafeln bestückten Route führt er zur Klosterruine Sankt Michael, zur Thingstätte, zum Heidenloch und zum Stephanskloster. Belege aus unterschiedlichsten Epochen. Der keltische Höhepunkt ist allerdings ein rund 200 Meter langes Teilstück am westlichen Plateaurand, auf dem der fast 2.500 Jahre alte Ringwall noch besonders gut zu erkennen ist.

Adresse Heiligenberg, 69121 Heidelberg-Handschuhsheim | **ÖPNV** Haltestelle Heiligenberg der Buslinie 38 | **Anfahrt** Wanderparkplatz am Heiligenberg, von dort ausgeschildert | **Tipp** Vom Keltenweg aus findet man um die Ecke die im Germanisierungswahn des Dritten Reiches gebaute Thingstätte. Einst für Propaganda genutzt, finden heute in der einem Amphitheater ähnlichen Arena Kulturveranstaltungen, Studententreffen und einmal im Jahr die Maifeier der Walpurgisnacht statt.

47 _ Die Kinderbücherei
Paradies nicht nur für Leseratten

Man kann es nicht mehr hören: Kinder gehen nicht mehr an die Luft, toben sich nicht mehr aus und spielen ausschließlich am Computer oder an Spielkonsolen. Und wenn sie mal nicht davorsitzen, haben sie Knöpfe im Ohr und sind für ihre Umwelt nicht ansprechbar. Bevor das Zeitalter der elektronischen Medien anbrach, waren die Kinder stundenlang mit Comics von Micky Mouse bis Asterix und Obelix beschäftigt. Oder es ging raus zum Kicken, Verstecken, Fahrradfahren und Jede-Menge-Abenteuer-Erleben. Dabei wurde die Zeit vergessen, zu versunken war der Nachwuchs in seine Welt – die Kinderwelt.

In einem sind wir uns, liebe Leser, aber einig: Ein gutes Buch, gern auch als E-Book, ist damals wie heute etwas Tolles. Literatur bewirkt Wunder, fesselt, tröstet, bildet, bringt zum Lachen und zum Fürchten. Eine Atmosphäre wie im Märchen findet man in der Kinderabteilung der Stadtbücherei. Überall sitzen oder liegen Kinder, vertieft in ein Werk oder über einen Bücherstapel gebeugt. Eine grüne Polsterlandschaft in Form einer Schlange steht bereit, große Kissen laden zum Fläzen und Spielen auf zwei Etagen ein und viele Bücher und andere Medien zum Loslegen. Da braucht es keine Erwachsenen mehr, die können shoppen gehen oder nebenan selbst schmökern. Auf Wunsch gibt es für den Nachwuchs Unterstützung beim Lernen, und wenn man mal nicht genau weiß, was man gerade konsumieren soll, dann greift man in eine von 60 Themenkisten vom Kindergartenalter bis zur siebten Klasse. Ach ja: Veranstaltungen für Kids gibt es auch. Da werden zum Beispiel zweisprachig Geschichten auf Deutsch und Arabisch, Russisch, Französisch oder Spanisch erzählt. Neue Bücher für die Schulferien werden vorgestellt. Kinderbuchautoren geben sich die Ehre und lesen aus ihren literarischen Werken. Und auch vor schwierigeren Themen wie den Lutherthesen macht die Kinderbücherei nicht halt.

Adresse Poststraße 15, 69115 Heidelberg-Bergheim, www.heidelberg.de/stadtbuecherei | **ÖPNV** Haltestelle Stadtbücherei der Bus- und Straßenbahnlinien 5, 21, 23, 26, 33, 34 und M3 | **Anfahrt** Tiefgarage P17 in der Stadtbibliothek, Rabatt für Kunden | **Öffnungszeiten** Di–Fr 10–20 Uhr, Sa 10–16 Uhr | **Tipp** Wer keine Zeit für die Stadtbibliothek hat oder nicht so gut hinkommt, dem hilft der Bücherbus. 22 Stationen fährt er mit 5.000 Büchern im Gepäck an. Buch vor der Haustür holen, an gleicher Stelle zurückgeben und gern auch Wünsche für den nächsten Stopp des Heidelberger Bücherbusses äußern.

48_Das Kirchheimer Loch
Launen des Menschen und der Natur

Gartenzwerge, am Reißbrett entworfene Radieschenbeete, Deutschlandfahne, Jägerzaun und Gartentürchen, PVC-Tischdecken und Blumenpolster. So stellt man sich den typischen Kleingärtnerverein vor. Das Kleinbürgerspießertum der Schrebergärten ist so alt wie überholt. Der kleine Garten lebt mehr denn je. Nicht nur am Wochenende und nicht nur für Rentner, sondern als Rückzugsort zur Erholung für die ganze Familie. In Heidelberg gibt es davon eine ganze Menge. Die Maulbeeranlage im Pfaffengrund etwa, den Kleingartenverein an der Stettiner Straße, den am Pfauenweg oder die Anlagen in Wieblingen, Kirchheim und Handschuhsheim. Manche haben blumige Namen wie »Löwenzahn« oder »Himmelswiese«. Die größte ist die im Kirchheimer Loch.

Hier wurde einst Kies abgebaut. Danach nutzte man die entstandene Grube durch eine Umleitung des Rohrbachs als Badeparadies. Das Wasser versickerte allmählich, ein unansehnliches Schlammloch entstand, das schließlich durch eine weitere Umleitung des Baches trockengelegt wurde. Kurz danach stieg aufgrund der Rationierung der Lebensmittel in den Kriegsjahren die Nachfrage nach Nutzgärten, und in dem flachen Gelände fand man den idealen Standort. Der 1942 gegründete Kleingärtnerverein Heidelberg Stadt unterhält heute auf dem 16 Hektar großen Areal über 400 Parzellen.

Zwischen den Gärten verlaufen Wege. Dort kann man vortrefflich spazieren, die Düfte der Gräser, Blumen, Kräuter, Obstbäume und Grillstationen aufsaugen, den Blick über die Farbenpracht schweifen lassen und auch mal schmunzeln, wenn ein Gartenzwerg einem zuzwinkert. Im öffentlich zugänglichen und von den Mitgliedern gebauten Vereinslokal »Wende« im Schrebergartenweg 1 wird griechisch gekocht. Es gibt Schafskäse, Zaziki, gegrillte Peperoni, Bauernsalat, verschiedene Schnitzel, Souvlaki, Teufelsspieß, Bifteki, den obligatorischen Grillteller und einen Biergarten zum Draußensitzen.

Adresse Schrebergartenweg 1, 69126 Heidelberg-Südstadt, Tel. 06221/653844 | **ÖPNV** Haltestelle Rudolf-Diesel-Straße der Bus- und Straßenbahnlinien 26, 33 und M 3, von hier 100 Meter | **Anfahrt** Parkplatz Messplatz | **Öffnungszeiten** Vereinsgaststätte: Mo, Mi–Sa 17–22 Uhr, So und Feiertage 10.30–22 Uhr, Di geschlossen | **Tipp** Auf dem Messplatz gleich nebenan an der Kirchheimer Straße findet alle zwei bis vier Wochen samstags Heidelbergs größter Flohmarkt statt. Hier gibt es alles, nur nichts Neues.

49 Der Kroddeweiher
Ein malerisches Paradies

Claude Monet fasziniert viele. Seine Werke werden als Postkarten verschickt, Ausstellungen seiner impressionistischen Kunst von Scharen besucht und vor allem die Bilder seiner Seerosen, die er im eigenen Garten in Giverny bei Paris züchtete und von denen er sich immer wieder neu inspirieren ließ, bewundert. Mal malte er in euphorischer Stimmung mit hellen, lichten Grüntönen, mal – in depressiven Phasen, vor allem mit zunehmendem Alter – in dunklen, schweren Farben. Die geschwungene Brücke über den eigenen Teich faszinierte ihn, und beim Betrachten sehnt man sich nach diesem friedlichen Ort. Solche Teichanlagen, eine solche Perfektion der Harmonie gibt es nicht – dachte ich. Doch dann radelte ich zum Kroddeweiher.

Hier ist es alles andere als perfekt, aber hier keimt dieses Gefühl, es könnte so schön sein. Über einen Zaun blickt man auf Sträucher, Birken und Weiden. Das Gelände wirkt verlassen, die Pflanzen wachsen wild durcheinander. Natur pur, kein von Menschenhand gezügelter Garten. In der Mitte ein Teich. Die grüne Oberfläche, von Algen besetzt, schimmert hindurch. In der Mitte dunkler, an den von Schilf und anderen Sumpfpflanzen gefassten Rändern immer heller. Ein Metallboot liegt am Ufer. Man kann sich vorstellen, wie es lautlos durch das Wasser gleitet.

Das Biotop gehört der Stadt, die es von den Heidelberger Aquarien- und Terrarienfreunden übernommen hat. Damals roch es faul, und der zum Naturdenkmal erklärte Kroddeweiher (Krodde = Kröte) drohte auszutrocknen. Ein paar Pappeln wurden gefällt, der Weiher entschlammt, und ein Zugang vom Mühlbach sorgt für Frischwasser. Das einzige stehende Gewässer Heidelbergs entstand in der Lehmgrube einer alten Ziegelei. Frösche, Libellen, Wasserkäfer und Wasserflöhe fanden hier ihr Paradies, und allen, die den Weiher lieber zugeschüttet sähen, sei gesagt: Claude Monet hätte hier sicherlich gern gemalt.

Adresse Wiesenweg 28, 69121 Heidelberg-Handschuhsheim | **ÖPNV** Haltestelle Burgstraße der Buslinien 23 und 24, von dort 10 Minuten zu Fuß | **Anfahrt** wenige Stellmöglichkeiten entlang der Wiesenstraße, Parkplatz in der Parallelstraße »Im Weiher« hinter dem Kleintierzüchterverein | **Tipp** »Zum Kroddeweiher« heißt ein Ausflugslokal, das unter der gleichen Adresse neben dem Biotop liegt und vor allem den Kleintierzüchtern als Treffpunkt dient.

50 Der Kulturbahnhof
Kommen und gehen am Karlstor

In unmittelbarer Nähe des Karlstors, des Triumphbogens der Altstadt, wurde der Karlstorbahnhof für Kino und Kulturhaus zu klein. Die Kosten für eine Erweiterung und die dafür notwendige Sanierung der Bausubstanz übersteigen die Möglichkeiten der Stadt. Schade, denn gerade der Karlstorbahnhof repräsentierte bislang das moderne, weltoffene Heidelberg unmittelbar am Rande des touristischen Zentrums. Nun steht der Umzug in die ehemaligen Kasernen der U.S. Army – die Campbell Barracks in der Südstadt – bevor, auch wenn das Projekt derzeit noch auf Eis liegt und die genauen Modalitäten offen sind. Doch es ist entschieden: Der Karlstorbahnhof wird kulturell entkernt, für andere Zwecke saniert, und die attraktive Kulturstätte zieht um.

Pressesprecher Tobias Breier ist überzeugt, dass auch nach dem Umzug das Angebot ein kultureller Magnet für Einheimische und Touristen bleiben wird. In das Gebäude am Karlstor könnten dann Mitarbeiter der Stadtverwaltung oder ein Besucherzentrum für Touristen einziehen. Was genau, das diskutiert eine einberufene Arbeitsgruppe eventuell unter Einbeziehung der Bürger.

Bereits 1862 fuhr die Odenwaldbahn auf dem Weg nach Mosbach den Bahnhof an. Später wurde er erweitert und ist bis heute als fast quadratischer Bau ein Blickfang am Stadtausgang gen Schlierbach. Der Bahnhof befindet sich ein paar Meter weiter, die S-Bahnen halten hier, außer einem Bahnsteig und Bussen davor findet sich nichts Erwähnenswertes. Solange der Karlstorbahnhof aber noch nicht umgezogen ist, empfehle ich Ihnen einen Besuch. Egal, ob es sich um eines der wöchentlich vier- bis fünfmal stattfindenden Konzerte, eine der selteneren Partys, eine Lesung, einen Kabarett-, Comedy- oder Theater-Abend handelt oder einen Ausflug ins Programmkino mit täglichem Filmangebot.

Und danach einfach ein paar Schritte zum kulturellen Austausch in die Altstadt.

Adresse Am Karlstor 1, 69117 Heidelberg-Altstadt, Tel. 06221/978911, www.karlstorbahnhof.de | ÖPNV Haltestelle Altstadt der Buslinien 30, 33, 35, M 4 und M 5 oder mit den Straßenbahnen S 1, S 2, S 5 und S 51 | Anfahrt bei größeren Veranstaltungen nicht ausreichend Parkplätze am Karlstorbahnhof, ansonsten Parkhaus Karlsplatz, von hier rund 500 Meter | Öffnungszeiten täglich während der Veranstaltungen | Tipp Vor dem Karlstor werden Schiffe durchgeschleust. Ganz langsam sinkt oder steigt der Wasserspiegel, das Wasserfahrzeug wird für eine Weiterfahrt auf die Höhe des Flusses gepumpt, schließlich öffnen sich die Tore, und das Schauspiel ist vorbei.

51 Der Kümmelspalter
Vom geizigen Wirt und einer Etage darüber

Kümmelspalter, Haarspalter, Federfuchser, Korinthenkacker oder auch Geizhals, Sparfuchs, Knauserer und Pfennigfuchser. Wer so bezeichnet wird, ist nicht unbedingt der beliebteste Mitmensch. Er ist so geizig, dass er jedes Kümmelkorn noch einmal spaltet, bevor die dann entstandene Hälfte zum Einsatz kommt. Ein herrlicher bildhafter Ausdruck. Wenn man nun aber als »Kümmelspalter« nicht nur bezeichnet wird, sondern einem das auch noch als Bildchen auf die Hausfront gemalt wird, dann wird es wohl Zeit, sich Gedanken zu machen.

Wer in der Hauptstraße als solcher gemeint ist, darüber wurde lange gerätselt. Ein Bäcker, der tatsächlich seine Kümmelkörner halbiert hat? Oder ein Wirt, der in einer Weinstube ausschenkte und so geizig war, dass die Studenten statt in die Weinstube zum »Kümmelspalter« gingen? Hans-Martin Mumm vom Heidelberger Geschichtsverein hat das untersucht und ist sich sicher: Der Wirt der »Alten Pfalz«, Heinrich Müller, war gemeint. Ihm zum Gedenken wurde das Relief mit Schriftzug gefertigt, für das das Jahr 1920 nachgewiesen wurde. Eine Erinnerung an ein schönes Stück Heidelberger Geschichte und an einen Mann, der seinen Geiz nicht verhehlen konnte. Und wenn man genau hinschaut, hat der Zwerg, der den Kümmel spaltet, einen verkniffenen, eben geizigen Gesichtsausdruck. Einfach wunderbar.

Über der Weinstube befand sich ein Trinkstübchen der Verbindung »Corona«. Diese Vereinigung wurde von Frankfurter Studenten, die nach Heidelberg wechselten, gegründet. Kurz darauf beendeten sie ihr Studium und riefen eine »Alte Herren«-Abteilung ins Leben. Der Name wurde geändert, man ist heute als nicht schlagende Verbindung »Rupertia« aktiv. Hinter den farbigen Bleiglasfenstern mit Krebsen, Brezeln, Fischen und Köpfen tranken die Professoren wohl den aus dem alten Weingewölbe im Keller geholten Wein. Ganz ohne Kümmel spalten zu müssen.

Adresse Hauptstraße 117, 69117 Heidelberg | **ÖPNV** Haltestelle Universitätsplatz der Buslinien 30 bis 32, M 2 und M 5, von hier gut 100 Meter | **Anfahrt** Parkhaus Universitätsbibliothek in der Sandgasse, von dort gut 100 Meter | **Tipp** Schräg gegenüber dem Kümmelspalter befindet sich der Laden von Käthe Wohlfahrt. Der Rothenburger Hersteller von vor allem Weihnachtsschmuck passt wunderbar zum romantischen Flair Heidelbergs.

52 Der Laden ohne Packungen
Ein Beitrag gegen Plastikmüll

Es ist noch nicht lange her, da wurde die Kuh noch vom Bauern mit der Hand gemelkt, die Milch von der Kuh gefiltert und in große Milchkannen gefüllt und direkt ab Hof zu den Milchtrinkern geliefert. Das Gleiche galt für typische Landwirtschafts-Produkte wie Fleisch, Wurst, Käse, Butter, Eier oder Mehl. Der ein oder andere Bauernhof hat diese Tradition aufrechterhalten, die meisten sind jedoch entweder aufgekauft oder geschlossen worden oder liefern zum Beispiel ihre Milch an große Weiterverarbeiter.

Dennoch: Die Zeit der kleinen Bauernhöfe ist fast vorbei. Weil Nostalgie aber Trend ist, hat Anna Wahala eine Idee aus Amerika über den Teich geholt, die an die alten Zeiten erinnert: »Annas Unverpacktes«. In dem kleinen Geschäft gibt es wie bei den Vorbildern in den USA lose Lebensmittel. Man bringt einen Mehrweg-Behälter mit und kauft so viel, wie man für das Rezept am Abend oder die Wochenration der Familie gerade benötigt. Anna Wahala ist die Inhaberin und hat ihr Sortiment seit dem Start kontinuierlich ausgebaut. In beliebiger Menge sammelt man in Gläsern, Dosen und Schüsseln Nudeln und Teigwaren, Reis, Getreide, Mehl, Grieß, Müsli, Flocken, Flakes, Nüsse, Samen, Kerne, Hülsenfrüchte, Gewürze, Salze, Zucker, Backzutaten, Knabbereien, Trockenfrüchte, Gummibärchen, Lakritze, Schokolade, Wasch-, Geschirrspül-, Reinigungsmittel und Flüssigseifen. Alle Lebensmittel sind bio-zertifiziert, alle Behältnisse wiederverwendbar. Das Gesundheitsamt bescheinigt dem Laden »vorbildliche Hygiene«.

Annas wichtigstes Argument für die Kunden: Verpackungen und Plastikmüll sparen und damit einen Beitrag zum Umweltschutz leisten. Das machen einige Kunden schon, aber es dürfen gern mehr kommen. Dann öffnet Anna vielleicht auch an noch mehr Tagen. Dabei ist die Idee in unserer Wegwerfgesellschaft so gut, dass sogar schon das Fernsehen darüber berichtete.

Adresse Ladenburger Straße 37, 69120 Heidelberg-Neuenheim, Tel. 06221/6724604, www.annas-unverpacktes.de | **ÖPNV** Haltestelle Brückenstraße der Bus- und Straßenbahnlinien 5, 23, 31 und M5, von dort rund 150 Meter | **Anfahrt** wenige Parkplätze am Straßenrand | **Öffnungszeiten** Fr, Sa 10–19 Uhr und manchmal auch an anderen Tagen (siehe Facebook) | **Tipp** Zwei Häuser weiter verkauft die Metzgerei Blatt ausschließlich Biofleisch und -wurst aus »besonders artgerechter Haltung«.

53_Die Leitstelle
Galerie und Wohnzimmer

Die Kreativen der Stadt haben im Dezernat 16 eine Heimat gefunden und schaffen Kunst, Mode, Musik, Grafisches, Fotografien und Architektur (siehe Ort 20). Alle in einem Gebäudekomplex. Das Herzstück ist ein kleines, von außen unscheinbares, von innen geräumiges Café. Die nach der ehemaligen Feuerwehrzentrale benannte »Leitstelle« ernährt ihre Bewohner und Gäste, zeigt mit Ausstellungen und Veranstaltungen, was in den anderen Räumen entsteht, und schafft Raum für Austausch, Abwechslung, Prokrastination und Wohlfühlatmosphäre. In Ausstellungen werden die Werke des Dezernats und externer Künstler gezeigt. Dazu gibt es Kaltes und Warmes von der Bar.

Am Abend wird gefeiert, dann mutiert das Café zum Club. DJs und Bands, Poetry-Slammer, Schauspieler und Autoren wechseln sich ab. Bunt gemischt geht die musikalische Reise von Funk, Soul und Jazz über Singer-Songwriter-Klänge, Slam und Psychedelic bis zu elektronischen Klängen, die die Leitstelle zum gefühlten Stadtstrand machen. Mainstream findet man eher nicht, doch gerade die enorme Bandbreite macht die Leitstelle zu einem Geheimtipp für Liebhaber guter Events. Aus der Küche duften dann warme Gerichte. Eine Karte oder Tafel sucht man vergebens, je nach Saison und Laune zaubert das Personal mal Suppe, fast immer Sandwiches, Vegetarisches, Veganes und auch mal Fleischiges – alles frisch zubereitet.

Die kulinarischen Liebhaber treffen sich am letzten Sonntag des Monats zum veganen Brunch. Die Gäste bringen das Essen mit, die Leitstellen-Crew serviert Kaffee mit Sojamilchschaum, Biotees, Bionade, Brot, Müsli, Aufstriche und die musikalische Untermalung. Und manchmal ist das Café für die Ideen des Teams zu klein, und Gründer László Fehér wechselt den Ort. Zum vierten Geburtstag der Leitstelle gab es einen Nachtflohmarkt in der Alten Feuerwache, wo früher die Löschfahrzeuge auf Einsätze warteten.

Adresse Emil-Maier-Straße 16, 69115 Heidelberg-Bergheim, Tel. 0177/7155430 | **ÖPNV** unweit der Haltestelle Czernybrücke der Buslinien 22, 33, M2 und M3 | **Anfahrt** Parkplätze auf der Straße vor dem Café | **Öffnungszeiten** werktags 10–18 Uhr, So ab 11 Uhr (nur am letzten Sonntag im Monat), zusätzlich abends bei Veranstaltungen | **Tipp** Gegenüber der Leitstelle wurde die Mauer des Bauhofs anlässlich des Festivals »Metropolink« als riesige Leinwand für urbane Kunst verwendet.

54   Die Luftbildausstellung
Heidelberg aus der Vogelperspektive

Vor einigen Jahren flog ich über die Kleinen Antillen und schoss Fotografien aus der Luft. Bei diesem Job bekam ich völlig neue Eindrücke von der Landschaft, den Inseln, den Meeresströmungen und den traumhaften Farben der Sandstrände, der Korallen und der Wellen, die sich in der Sonne spiegeln. Zurück in Deutschland beschloss ich, mit einem Gyrocopter mein Heimatland aus der Vogelperspektive zu betrachten, und wieder entstanden einzig- und neuartige Bilder.

Alexander Ehhalt und Bernhard Eisnecker erging es ähnlich. Sie fotografierten ihre Stadt im Sinne des Begründers der Heidelberger Luftbildarchive Wolfgang Lossen von oben aus neuen Blickwinkeln. Wie grün die Stadt aus der Luft ist, manchmal wie ein verwilderter Garten mit ein paar Hausdächern dazwischen. Wie klein die Autos und Menschen. Wie blau der Neckar und wie grün die Wiesen am Ufer. Je höher man fliegt, desto mehr sieht man vom Ganzen. Die alte Karl-Theodor-Brücke, die Theodor-Heuss-Brücke und die Ernst-Walz-Brücke – ordentlich hintereinander aufgereiht – wirken wie kleine Stege über den Fluss. Man sieht die Strukturen der Stadtteile, erhält mit den kleinen Gassen in der Altstadt oder größeren Straßen ein Gefühl für deren Alter und die Geschichten, die hier geschrieben wurden. Der Blick aus luftiger Höhe hat so gar nichts von der Google-Satelliten-Darstellung, sondern bleibt immer real, zeigt, wie Heidelberger leben und wo die Menschenmassen sich tummeln. In der Hauptstraße zu Fuß oder auf dem Wasser in winzig aussehenden Booten. Die in der Heidelberger Volksbank-Filiale an der Kurfürstenanlage ausgestellten Bilder erinnern auch nicht an Drohnen-Fotos, die nur kleine, oft verzerrte Ausschnitte liefern. Es ist ein echtes Stück Heidelberg, das man in Ruhe im Schaufenster betrachten kann. Archivbilder aus den letzten 70 Jahren kann man übrigens in der Galerie von Heidelberg Images (Nummer 38) sehen.

Adresse Heidelberger Volksbank, Kurfürstenanlage 8, 69115 Heidelberg-Bergheim | **ÖPNV** Haltestelle Seegarten der Bus- und Straßenbahnlinien 5, 21, 23, 26, 33, 34 und M3 | **Anfahrt** Tiefgarage P1 in der Poststraße | **Öffnungszeiten** Schaufenster durchgehend, Bankfiliale Mo–Fr 8.30–16 Uhr, Do 8.30–18 Uhr | **Tipp** Rund 300 Meter von der Bank entfernt liegt der Adenauerplatz. Für die nach dem ersten deutschen Bundeskanzler benannte Verkehrsinsel bestehen Planungsträume: ein Holz-Glas-Pavillon, der den Platz wie ein Netz umschließen soll. Einige Stufen weiter unten gibt es einen schönen Brunnen und in der Unterführung viele Lichtstreifen für interessante Beleuchtungseffekte.

55 Das Mahnmal am Turm
Geprägt von Zwangsarbeit und Musik

Fast 100 Jahre lang stellte die Waggonfabrik Fuchs in Heidelberg Eisenbahnwaggons und Straßenbahnen her. Die dortigen Konstrukteure und Designer erfanden den heute immer noch populären Durchgangswagen und den gläsernen Zug, der heute im Augsburger Museum steht. Das Unternehmen überstand in der Zeit zwischen 1862 und 1957 einige Tiefen, war aber lange Zeit für den Arbeitsmarkt der Stadt prägend. Nach zwei Verkäufen wurde die Produktion 1995 eingestellt.

Im Jahr 2002 waren die mittlerweile baufälligen Gebäude bis auf einige Fassaden abgerissen und wurden nach einem preisgekrönten Architekturplan mit modernen Wohnhäusern kombiniert. Das heutige »Quartier am Turm« ist sehenswert und lohnt einen Spaziergang mit einem Rückblick in die industrielle Hochphase. Musikalische Werke großer Komponisten dienten als Namensgeber für die Baufelder. Die Grundstücksflächen »Ouvertüre«, »Divertimento«, »Concerto grosso«, »Serenata« oder »Sinfonia Italiana« sind von Grünflächen und Alleen durchzogen.

Am Rande des eigenständigen Rohrbacher Stadtviertels steht noch der alte Wasserturm – eine Erinnerung an das Fuchs'sche Jahrhundert. Darunter, in der Größe eher unscheinbar, wurde ein Mahnmal errichtet. Es erinnert an die Nazizeit und trägt auf vier Füßen die Weltkugel, mit Stacheldraht ummantelt. Auf einem Schild sind die Namen von fünf russischen und ukrainischen Männern verzeichnet. Fünf von 15.000 Zwangsarbeitern, die zwischen 1933 und 1945 in Heidelberg gefangen gehalten wurden. Die meisten in erbärmlichen Verhältnissen lebend, in einfachsten Baracken und nur mit dem Nötigsten an Verpflegung, um ihre Arbeitsleistung aufrechtzuerhalten. Diese fünf jungen, hungrigen Gefangenen sollen sich in einem Waggon illegal Verpflegung beschafft haben. Zur Abschreckung wurden sie am 28. August 1944 in der Waggonfabrik Fuchs an fünf Galgen hingerichtet.

Adresse Georg-Mechtersheimer-Straße 22, 69126 Heidelberg-Rohrbach | **ÖPNV** Haltestelle Quartier am Turm der Buslinie 28 oder Haltestelle Kirchheim/Rohrbach der Buslinien 28, 33, M 3 und der S-Bahn-Linie S 3 und S 4, jeweils rund 200 Meter entfernt | **Anfahrt** Parkplätze an der Straße | **Tipp** Im gesamten Stadtgebiet erinnern über 150 sogenannte »Stolpersteine« an Juden, Homosexuelle, politische Gegner, Zeugen Jehovas und Kranke, die während der NS-Zeit verfolgt, vertrieben und ermordet wurden. Die Steine zählen zu den Sehenswürdigkeiten Heidelbergs, und jeder einzelne von ihnen steht für eine Lebensgeschichte, die sinnlos zu Ende gegangen ist.

56 Der Mammutbaum
Und der Vergleich mit seinem riesigen Vorfahren

Der größte Mammutbaum der Welt misst über 31 Meter Umfang, hat mehr als elf Meter Durchmesser, eine Höhe von 84 Metern und ist rund 2.200 Jahre alt. Er hört auf den Namen »General-Sherman-Tree« und steht im »Sequoia«-Nationalpark in Kalifornien. Sie wollen wissen, was das mit Heidelberg zu tun hat? Dann gehen Sie mal auf die Sprunghöhe am Gaisberg. Dort haben Förster ab 1876 mehrere exotische Baumarten – sogenannte Arboreten – angepflanzt. Ziel war die Vergrößerung der Vielfalt in den Heidelberger Wäldern, die nach der letzten Eiszeit viele Arten verloren hatten.

Einer dieser Bäume ist der Mammutbaum aus Nordamerika. Einige prachtvolle Exemplare sind über 140 Jahre lang in den Himmel gewachsen. Sie zeigen Narben in der Rinde, Moos wächst am Stamm, und die Wurzeln krallen sich wie schwere Raubtiertatzen in den Waldboden. Obwohl nicht ansatzweise so gewaltig wie der große Bruder in den USA, überragen sie ihre »deutschen« Nachbarn deutlich. Wenn man vom Waldparkplatz hinabläuft, stößt man auf einen Mammutbaum, der kreisförmig von Holzstämmen umgeben ist. Ein Hinweisschild klärt auf, dass es sich dabei nicht um einen magischen Kreis handelt, sondern um den Umfang des voluminösen General-Sherman-Baums – zum Vergleich. Wie ein Ururenkel wirkt der im Verhältnis kleine Baum in der Mitte, der dennoch beeindruckend groß auf dem Platz steht. Und wenn Sie einmal nach Kalifornien reisen, dann gehen Sie in den Redwood-, Yosemite- oder Sequoia-Park und bestaunen Sie die größten Lebewesen der Welt.

Der Mammutbaum ist übrigens fester Bestandteil der indianischen Kultur und verkörpert die Verbindung zwischen Mensch und Natur. Ein Totempfahl hinter einem Holztisch mit einem Weißkopfadler darauf erinnert auch die Heidelberger Waldbesucher daran. Und drum herum ist die Luft herrlich, und die anderen Bäume sind eine wunderbare Hommage an den größten Mammutbaum der Welt.

Adresse Waldparkplatz und Blockhaus im Stadtwald, Gaiberger Weg 1, 69117 Heidelberg-Altstadt | **ÖPNV** mit der Bergbahn zum Schlosshotel Molkenkur, von dort etwa 1 Kilometer | **Anfahrt** aus der Altstadt über Klingenteichstraße Richtung Gaiberg und am Waldparkplatz parken, von dort nur einige Meter | **Tipp** Wenn Sie in der Blütezeit zwischen April und Juni vor Ort sind, schauen Sie sich in der Nähe des Blockhauses auch die farbenfrohen Rosenbäume – auf Griechisch heißen sie Rhododendren – an.

57 Mandy's Railway Diner
Amerikanische Kultur im Eisenbahnwaggon

Was fällt Ihnen ein, wenn Sie an amerikanische Restaurants denken? Burger-Variationen, Berge von Pfannkuchen, dazu Ahornsirup, knuspriger Bacon, riesige T-Bone-, Rib-Eye- und Beefsteaks in allen Varianten, prall gefüllte Club Sandwiches, selbst zubereitete Hotdogs, süße und herzhafte Bagels und Milchshakes, kannenweise Kaffee, Fruchtsäfte, Cola, »Light«-Bier und Cocktails? Filmreife Diners mit festgeschraubten Kunstlederbänken und Tischen für zwei oder vier Personen? Nationale Symbole, vor allem das Sternenbanner – die Flagge der USA – und Freiheitsbekundungen an Wänden und auf Tischen? Lange Theken, Hunderte Flaschen hinter dem Barkeeper, davor runde Barhocker mit Ledersitzen und Metallfüßen?

Genau – und exakt so sieht es auch in »Mandy's Railway Diner« seit 1997 aus. Während das typische Diner in den Vereinigten Staaten oftmals wie ein riesiges Wohnmobil mit Blechdach anmutet, hat Marie Riess in ihrem Heidelberger Unikat einen alten Eisenbahnwaggon aus den 1950er Jahren umgebaut. Man trifft Freunde zum Frühstück, macht Mittagspause oder nimmt mit der Familie auf türkis gepolsterten Sitzbänken oder roten Barhockern zum Abendessen Platz. Die gewölbte Decke ist gespickt mit amerikanischen Marken-Schildern und anderen bekannten Motiven wie der Route 66, Hollywood-Schauspielern, Stars der Musikgeschichte und amerikanischen Autoschildern aus Blech. Allein ein Blick auf die Auswahl der Pfannkuchen macht Lust auf mehr: Chocolate Chips Pancake, Banana Pancake, Rock 'n' Roll, Georgie Boy oder Blueberry stehen zur Wahl. Zum Frühstück darf es auch mal ein Steak sein oder ein »Grand Central« mit allem, was die Küche zu bieten hat. Vor dem Waggon sitzt man draußen unter einfachen Sonnenschirmen oder im Zelt. Und als wäre das alles nicht schon amerikanisch genug, sorgt nebenan ein Fast-Food-Restaurant mit »Drive Thru« für die kulinarische Versorgung derjenigen, die es eilig haben.

Adresse Speyerer Straße 1, 69115 Heidelberg-Weststadt, Tel. 06221/6535725, www.mandys-hd.de | **ÖPNV** Haltestelle Montpellierbrücke der Straßenbahnlinie 26 | **Anfahrt** parken direkt am Restaurant | **Öffnungszeiten** täglich 8–1 Uhr, Frühstück zu allen Zeiten, Drive Thru: Mo–Do 11–1 Uhr, Fr, Sa, Feiertage 12–4 Uhr, So 12–1 Uhr | **Tipp** Eine deutliche Mehrheit der Heidelberger nannte »Joe Molese« auf die Frage nach den besten Burgern der Stadt (www.joemolese.com).

58 Der Märzgassen-Hattrick
Junges Gemüse, Suppe, Pizza

Der Hoflieferant Franz Kreher verkaufte in seinem Laden in der Märzgasse 4 Wildbret und Delikatessen. Gleich nebenan in der Nummer 6 hatte Peter Stieglitz ein Feinkostgeschäft, und in der Nummer 10 schob Bäckermeister Gartner seine Brote in den Ofen. Ein Märzgassen-Hattrick könnte man sagen – hat aber in der Weimarer Republik niemand getan. Über 100 Jahre später hat sich wieder ein kulinarisches Dreigestirn angesiedelt: der »Märzgassen-Hattrick«, wie Facebook-»Freunde« es heute tatsächlich nennen – aus Familienhand.

Zuerst verkaufte die Mutter in »Günays Garten« frisches Obst und Gemüse. Dann zog sie zwei Häuser weiter, und ihr Sohn Burak eröffnete im alten Laden eine »Smoothie- und Saftbar«, in der neben den Drinks Kreatives wie Koriander-Petersilienpesto-Cashew-Avocado-Artischocken-Babyspinat-Pizza oder Pokemon-Pizza gebacken wird. »Unter Freunden« sitzt man auf dem Sofa, isst im Stehen oder auf dem Asphalt – Wohnzimmeratmosphäre und ein Hauch von Süden in der engen Märzgasse.

In der Mitte hat das jüngste Familienmitglied eröffnet. An einer Wand wurde Franz Kreher als Zeichnung verewigt. Er selbst hätte es sich wohl nicht vorstellen können, eine Suppenküche zu eröffnen. In »Franz' Soupmarine« kocht – na klar – Mama Günay mit Zutaten aus ihrem Nachbargeschäft. Kalt und warm und laut einhelliger Meinung »brutal lecker«. Ein Ausschnitt des wechselnden Angebots gefällig? Joghurt-Minze-Suppe, Kartoffel-Urkarotte-Granatapfel-Kokossuppe, Knollensellerie-Bohnen-Creme-Suppe, Quinoa-Süßkartoffel-Suppe, Blumenkohlcreme – gern auch in einer Sauerteig-Brotschale –, alles vegetarisch oder vegan und auch zum Mitnehmen. Die Idee einer Suppenküche stammt übrigens aus Budapest. »Nein, ich war nicht selbst da, aber ich bin viel im Internet unterwegs«, grinst Burak. Seine Freundin Elena Sidorenko hat die Wohlfühl-Räume gestaltet. Nicht nur »Freund« Franz freut's.

Adresse Märzgasse 2–6, 69117 Heidelberg-Altstadt, Tel. 06221/7258105, www.unterfreunden-heidelberg.de | **ÖPNV** Haltestellen Friedrich-Ebert-Platz der Buslinien 31 bis 33, M 2 und M 5 oder Sankt-Vincentius-Krankenhaus der Buslinien 31, 32, 35, M 2 und M 4, von dort jeweils rund 250 Meter | **Anfahrt** Rhein-Main-Park-Garagen | **Öffnungszeiten** Günays Garten: Mo–Fr 8–20 Uhr, Sa 8–18 Uhr; Franz' Soupmarine: Mo–Sa 11–20 Uhr; Unter Freunden: Mo–Mi und Fr 9–20 Uhr, Sa 10–20 Uhr | **Tipp** Freunde vom Märzgassen-Hattrick sind auch die Brotliebhaber von »Dankebitte«. Hier gibt es selbst kreierte Backmischungen aus rein natürlichen Zutaten, zum Beispiel »Reis Reis Baby«, »Flotte Karotte« oder »Feige Nuss« (www.danke-bitte.de).

59 Das Muck-Denkmal
Ein waschechtes Heidelberger Original

Heidelberg strotzt nur so vor berühmten Besuchern und Einwohnern. Der Physiker Hermann von Helmholtz, der Dichter Joseph Victor von Scheffel, der Staatsmann Otto von Bismarck und die Ex-Bürgermeisterin Beate Weber wurden zu Ehrenbürgern ernannt. Der Landschaftsmaler Carl Rottmann, dem Heidelberg viele schöne Bilder verdankt, der Mathematiker Heinrich Weber, der Philosoph Karl Groos, der Reichspräsident Friedrich Ebert, der Unternehmer Dietmar Hopp und der Schauspieler Michael Quast wurden hier geboren. Andere Persönlichkeiten rühmen sich, wenigstens einmal hier gewesen zu sein, wie Johann Wolfgang von Goethe, Mark Twain, Thomas Mann oder Erich Fromm. Menschen wie sie machten und machen die Stadt aus. Aber sind sie deswegen waschechte Heidelberger?

Vor dem Hauptbahnhof steht ein Denkmal. Ein etwas plump wirkender Mann mit Kappe, langem Mantel, dicken Schuhen und einem Koffer. Er sieht normal aus, gar nicht heldenhaft, wie so viele Denkmäler in der Stadt ihre Figuren darstellen. Geschaffen hat die Skulptur der Bildhauer Armin Guther – noch ein Heidelberger, der der Nachwelt ein erwähnenswertes Erbe hinterlassen wird. Sein Kunstwerk zeigt den im Jahr 1873 in Neuenheim geborenen Johannes Fries. Er arbeitete als Gänsehirte am Neckar, tischlerte als Schreiner und wurde schließlich Dienstmann am Heidelberger Bahnhof. Seine eigentliche Berufung war aber die Liebe zu seinen Mitbürgern. Er half gern, blieb immer bescheiden, war loyal und schlagfertig. Bei den Heidelberger Korps »Suevia« und »Corona« war er Aufpasser bei Mensuren und bekam seinen Spitznamen »Muck«. Für die Studenten spielte er den Postillon d'Amour – den Liebesboten – und wurde für alle zum Heidelberger Original, an das Fotografien, Zeichnungen und Gemälde in den Altstadt-Restaurants »Zum Roten Ochsen« und »Zum Weißen Schwan« erinnern. Im »Goldenen Hecht« ist seine Totenmaske zu sehen.

Adresse Willy-Brandt-Platz 5, 69115 Heidelberg-Weststadt | **ÖPNV** Haltestelle Hauptbahnhof der Bus- und Straßenbahnlinien 5, 21, 24, 32, 33, 34 und M5 | **Anfahrt** Parkplätze auf beiden Seiten des Hauptbahnhofs | **Tipp** Auf der Brücke über den Gleisen steht eine alte Modelleisenbahn, an der man gegen Einwurf von einem Euro Schaffner spielen und wahlweise oder gleichzeitig D-Zug, ICE, Personenzug und Güterzug über eine Modell-Landschaft steuern kann.

60 Die Oase am Danteplatz
Ruhe finden unter Nachbarn

Jede Stadt braucht ihre Oase. Einen Ort, an dem man allem entflieht. Der Hektik der Stadt. Dem anstrengenden Job. Der Enge in den eigenen vier Wänden. Der stickigen Luft im Lärm des Straßenverkehrs. Oder einfach einem Gedanken, der gerade störend in den Kopf geschossen ist. Heidelberg hat viele Oasen: die Hügel drum herum, viele Grünflächen oder Hinterhöfe, den Stadtgarten.

Bereits beim Heranlaufen an die Oase am Danteplatz hat man den Eindruck: Hier bleibt alles stehen. Die Zeit. Die Eile. Obwohl direkt an der Straßenbahnlinie zwischen Hauptbahnhof und Bismarckplatz gelegen, ist der Kiosk zwischen großen schattenspendenden Bäumen mit Sitzplätzen davor ein sofort spürbarer Ruhepol. An einem Tisch liest eine Frau in einem Buch. Nebenan unterhalten sich vertraute Freundinnen. Selbst ihre Kinder spielen ruhig auf dem Grünstreifen nebenan. Ein Mann isst entspannt zu Mittag. Ein anderer ist in eine Zeitung vertieft.

Ich komme dazu. Kein Blick trifft mich. Keine Laute stören mich. Nur ein paar Vögel sind in diesem schönen Moment zu hören. Es sind in erster Linie die Anwohner, die sich eine Auszeit gönnen. Andere Gäste verirren sich eher selten hierher. »70 bis 80 Prozent sind Stammgäste von 0 bis 100 Jahren«, erzählt Kuldip Raj, der Inhaber des Kiosk-Cafés. Er hat den Kiosk vor über 17 Jahren übernommen, einen Wintergarten angebaut, das Sortiment erweitert und dennoch den Charme eines Stadtteil-Kiosks mit Tageszeitungen, Magazinen, Süßigkeiten und Eis erhalten. Hier geht man mal kurz hinein, grüßt, plaudert über die Neuigkeiten in der Nachbarschaft oder der Welt und zieht wieder von dannen. Hier setzt man sich bei Regen neben den Tresen und tankt ein wenig von der unbeschwerten Kraft der indischen Familienmitglieder. Oder man setzt sich unter die schattenspendenden Bäume und genießt die Oase der Stadt bei einem indischen Linsencurry, Kaffee und Kuchen oder einfach einem nachbarschaftlichen Bier. Lecker.

Adresse Schillerstraße 18b, 69115 Heidelberg-Weststadt | **ÖPNV** Haltestellen Christuskirche oder Sudstadt der Straßenbahnlinien 23 und 24, von dort jeweils rund 150 Meter | **Anfahrt** ein paar Stellplätze in der Dantestraße und Schillerstraße in Sichtweite | **Öffnungszeiten** März–Nov. Mo–Sa 8–23 Uhr, So 14.30–23 Uhr, Dez.–Feb. Mo–Sa 8–20 Uhr | **Tipp** Sie ist zwar ein krasser Gegensatz zum beschaulichen Danteplatz, dennoch muss man auch mal in der mehrfach ausgezeichneten Zeughaus-Mensa im Marstall gewesen sein. Hier findet man ebenfalls eine grüne Oase mit Wiese und Biertischen zwischen den über 500 Jahre alten Gebäuden.

61　Die Obstbäume

Wandern am Bächenbuckel wie im Paradies

Die Namen der Wege auf und rund um den Bächenbuckel machen neugierig: Tanzplatz, Moselbrunn, Bauernweg, Hahnberg, Schimmelsteig oder Steigenhang klingen einfach zu schön, um sie zu ignorieren. Dabei sind sie »janz weit draußen«, kurz »jwd«, wie man sagt. Oberhalb und hinter Ziegelhausen geht es Richtung Wald und Berge. Hier ist man allein, keine Touristen, kaum Wanderer und definitiv keine Motoren stören die Einöde.

Die Tour beginnt – und wenn sie nur den in der Überschrift erwähnten Ort aufsuchen möchten, dann endet sie bereits nach rund 200 Metern an einer Treppe zwischen Häusern am Übergang der Straßen »Am Bächenbuckel« und »Im Moselsgrund«. Es geht steil bergauf bis zu einem Grasweg, zwischen Holzpflöcken hindurch zum Hirtenbrunnenweg – noch so ein schöner Name. Auf der rechten Seite stehen uralte Obstbäume. Äpfel und Birnen kann man entdecken. Vor der Ernte dicht behangen, danach nicht kahl, da die Bäume wohl selten geschnitten werden und deshalb dicht mit Ästen und Zweigen bestückt sind. Natur pur. Ursprünglich, so als gäbe es den Zaun drum herum gar nicht und als habe der liebe Gott sie persönlich am Tag sechs seiner Schöpfung hierhin gepflanzt. Eva könnte genau hier in den Apfel gebissen haben.

Wer gern wandert, der beginnt an dieser Stelle eine Tour durch einsame Wälder ohne Gedenksteine, Aussichtsplattformen oder Gaststätten. Allein mit sich, den Bäumen des Waldes und – mit ein wenig Glück – dem ein oder anderen Wildtier. Die Strecke führt über den Moselbrunnweg zum Tanzplatzweg und zum Gipfel des Tanzplatzes. Auf die Fleißigen wartet nun eine rund zwei Kilometer lange Extraschleife. Dann geht es wahlweise nach Schönau oder über die Münchelstraße zurück nach Ziegelhausen. Am Steinbruch noch schnell den Blick über selbigen und Schlierbach schweifen lassen und am Rande der Wohnhäuser über den Waldgrenzweg zurück zum Ausgangspunkt.

Adresse Am Bächenbuckel 23, 69118 Heidelberg-Ziegelhausen | **ÖPNV** Haltestelle Am Bächenbuckel der Buslinie 36, wo die Treppe beginnt | **Anfahrt** Parkplätze an den Straßenrändern | **Tipp** Wer als Ziel eine Gaststätte bevorzugt und weiterwandern möchte, orientiert sich in Richtung Norden bis Wilhelmsfeld. Dort sitzt man im Türmchen des Restaurants Talblick bei Flammkuchen, Wildbratwurst, Spinatknödeln oder Handschuhsheimer Feldsalat.

62 Das offene Atelier
Künstler und ihre Werke zum Anfassen

So gar nicht nach Kunst klingt der Name der Betreiber: »Verein zur beruflichen Integration und Qualifizierung«. Im besten Bürokratendeutsch informiert die dazugehörige Webseite: »Der Arbeitsraum ist als kostenloser gemeinsamer Atelierraum konzipiert und bietet vor allem bildenden Künstlern, die aus verschiedenen Gründen nicht zu Hause arbeiten oder sich ein Atelier leisten können, einen geschützten Rahmen, um ihren kreativen Talenten in verschiedenen Ausdrucksformen nachzugehen.« Das Ziel des Vereins ist es, Menschen nach langer Arbeitslosigkeit und Menschen mit Behinderungen auf ihrem Weg zu Arbeit und Beschäftigung zu begleiten. Eines der Projekte: das offene Atelier für die erwähnte Zielgruppe.

Wer sich zur Ateliersadresse bewegt, wird überrascht: Auf dem Platz steht die Albertus-Magnus-Kirche, heute nach der Pfarrei Sankt-Albert-Kirche genannt. Auch hier muss man hinein, denn ihre Schlichtheit von außen und innen reduziert den Blick auf Wesentliches: eine Fensterrose in der Fassade oder ein Freskogemälde von Rudolf Kaufhold an der Wand hinter dem Altar. Eine Etage tiefer wird es bunt: Ein visuelles Durcheinander empfängt die Kunstliebhaber. Hier bekommen Künstler kreativen Freiraum und einen ebensolchen Freibrief. Skulpturen, Gemälde und Fotografien an Wänden, auf Staffeleien und auf den Tischen, an denen hier und da Künstler in ihre Arbeit vertieft sitzen. Vorbeigehen, schauen und ins Gespräch kommen. Ich habe mich auf ein altes Sofa gesetzt und die entspannte Atmosphäre genossen, während vor der Tür der Berufsverkehr über die Bergheimer Straße bretterte. An den Arbeitsplätzen wurden mit sparsamen Bewegungen neue Kunstwerke geschaffen. Bemalte Steine hier, ein realistisch gezeichneter Gitarrist dort, ein impressionistisches Gemälde – und überall bunte Farbentuben, gesäuberte oder frisch verwendete Pinsel, massenhaft Papier und unvollendete Werke. Ein künstlerisches Gesamtbild.

Adresse Ecke Bergheimer Straße 108/Mittermaierstraße, 69115 Heidelberg-Bergheim, Tel. 06221/970310, www.vbi-heidelberg.de | **ÖPNV** Haltestelle Betriebshof der Bus- und Straßenbahnlinien 21, 22, 24, 32, 34, 35, M 2 und M 5, von dort 50 Meter | **Anfahrt** Parkplatz vor der Kirche auf dem Alfons-Beil-Platz | **Öffnungszeiten** Mo – Fr 9 – 19 Uhr | **Tipp** Mehr Kunst, dazu Geschichte und Architektur sieht man bei einer Segway-Tour durch Heidelberg. Keine 300 Meter vom Atelier entfernt in der Alten Eppelheimer Straße 50 (ehemalige Landfried-Tabakfabrik) geht es los (www.city-seg.de).

63 Das Offene Gartentor
Gemeinsam säen, gemeinsam ernten

Heidelberg ist eine grüne Stadt. Durchzogen von Alleen, Parks und umringt von Wäldern und Wiesen zeigt sich die Stadt vorbildlich nachhaltig. Ein Beispiel für das auch in der Bevölkerung verankerte ökologische Bewusstsein ist ein Garten am Zähringer Platz. Hier befand sich ein vor sich hin vegetierender Grünstreifen, nutzlos und höchstens mittelprächtig attraktiv. Die Beete wurden gemeinsam von den Freunden und Mitgliedern des Vereins »Essbares Heidelberg« angelegt. Mangels eigener Gärten rund um die Miethäuser vieler Stadtviertel hat es sich der Verein zur Aufgabe gemacht, Freiwillige zu finden, die gemeinsam die Fläche bewirtschaften. Ernten darf jeder. Und das lohnt sich. Es wachsen Himbeeren, Tomaten, Spinat und Salate, Paprika, Chilischoten, Radieschen, Kohlrabi, Rote Bete, Mais, Kürbisse, Bohnen, Zuckererbsen, Möhren, Wald- und normale Erdbeeren, Knoblauch, Mangold, Artischocken, Rhabarber, Gurken, Lauch und Schwarzwurzeln, Zucchini, Grün- und Weißkohl, Möhren, Pastinaken, Fenchel, auch Salbei, Kräuter, Kartoffeln und Roggen. »Urban Gardening« lautet die internationale Bezeichnung für dieses Prinzip.

Und das Konzept funktioniert. Man nimmt Rücksicht auf die Nachbarn und bleibt außerhalb der Kernzeiten von 8 bis 22 Uhr fern. Man nimmt Rücksicht auf die Umwelt, gärtnert nur biologisch und versucht, mit wenig Wasser, Erde und Holz auszukommen. Man nimmt Rücksicht auf die Kollegen, reinigt die sorgfältig behandelten Gartengeräte und versucht, so oft wie möglich bei den Gartentreffen mittwochs ab 17 Uhr und samstags ab 10.30 Uhr die Arbeit gemeinsam zu erledigen.

Und weil das Ganze auch noch Spaß macht, gibt es mittlerweile vier weitere, kleinere Gartenflächen in der Stadt, die der Verein betreut. Ein Hoch auf die modernen Ökos des 21. Jahrhunderts! Und wer jetzt Lust bekommen hat, dabei zu sein – kein Problem: Mitstreiter werden immer gesucht.

Adresse Ecke Zähringerstraße / Römerstraße, 69115 Heidelberg-Weststadt | **ÖPNV** Haltestelle Christuskirche der Straßenbahnlinien 23 und 24 | **Anfahrt** wenige Parkplätze am Zähringer Platz, Stellplätze in den benachbarten Straßen | **Öffnungszeiten** durchgehend, Treffen Mi 17 Uhr, Sa 10.30 Uhr | **Tipp** Lust bekommen, selbst zu pflücken oder frische regionale Produkte beim Bauern zu holen? Dann gehen Sie doch mal zur Bioland-Gärtnerei Wiesenäcker (www.biogemuese-heidelberg.de) oder zum Obsthof Gieser (www.obst-kurpfalzhof.de).

64 Der Osterhasenweg
Schöne Wege mit Schokoladengeschmack

In und vor allem rund um Heidelberg gibt es ein großes und vielseitiges Wanderwegenetz. Der Burgensteig und der Neckarsteig führen in die Ferne. An den Hängen der beiden größten Erhebungen, Königstuhl und Heiligenberg, schlängeln sich die Pfade wie Spiralen den Berg hinauf. Innerhalb des bebauten Stadtgebietes zieht der Bergfriedhof mit über 20 Kilometern Wegen an Gräbern vorbei und größtenteils durch Waldgebiet. Für den Sonntagsspaziergang eignen sich die langen Wege nicht. Hier empfiehlt sich ein Schaufensterbummel durch die Altstadt. Oder man fährt »ins Grüne«. Kurze Wege durch die Natur werden bevorzugt.

Ein solcher Weg ist unterhalb von Boxberg zu finden. Der Einstieg verläuft über den Weg »Siegelsmauer«, der Boxberg mit dem von Joseph Eichendorff besungenen »Kühlen Grund« verbindet. Im Mittelalter wurde der Ortskern des Stadtteils Rohrbach »Siegelsmauer« genannt. Nur Fußgänger, Radfahrer und Inhaber der Grünflächen sind auf dem heutigen Weg erlaubt. Die »Siegelsmauer« durchschneidet die Weinlage »Berg«, in der nur noch eine gute Handvoll Weinberge tatsächlich bewirtschaftet werden. Dafür zählt man mehr Schrebergärten und ein paar nicht bewirtschaftete Grundstücke. Man spaziert über den asphaltierten Gehweg und findet seitlich schmalere Pfade und Wege, die mit Gras zugewachsen sind, in der Mitte flach geschnitten oder platt getreten und an den Rändern unberührt und teilweise mit Sträuchern bestückt.

Viele kennen die Tradition der Osterhasenwege, auf denen man am Ostersonntag mit den Kleinen unterwegs ist. Dem Nachwuchs wird suggeriert, dass genau hier das Langohr entlanggehoppelt ist, und in Aussicht gestellt, dass er vielleicht etwas verloren haben könnte. Und tatsächlich, wenn die Erwachsenen über die Köpfe der Kinder hinweg etwas werfen, bleibt der Glaube an den Osterhasen lebendig. Die Graswege an der Siegelsmauer sind dafür prädestiniert.

Adresse Einstieg gegenüber dem Haus in der Berghalde 39a, 69126 Heidelberg-Boxberg | **ÖPNV** Haltestelle Haselnussweg der Buslinien 29, 33 und M1, von dort den schmalen Gehweg immer abwärts | **Anfahrt** Parkplätze an der Straße | **Tipp** Schokoladig geht es weiter: In der Sankt-Anna-Gasse 1 werden hausgemachte Schokoladen-Spezialitäten, Trinkschokolade, Eis-Variationen und zu gegebener Zeit ganz sicher auch Osterhasen gefertigt.

65 Die Panoramastraße
Zeitgenössisches und modernes Wohnen am Waldesrand

Es gibt sicherlich teurere Wohngegenden. Es gibt zentralere. Und es gibt Straßen mit noch mehr Historie, berühmten Anwohnern und Denkmälern. Für mich ist dennoch die Panoramastraße eine der schönsten in Heidelberg. Sie vereint die vielen Anhöhen und Hänge, die unterschiedlichsten Baustile und Gartenkulturen, sie zeigt Aussichten in die Ferne und auf Heidelberg. Sie hat die längste Abendsonne und den schattigsten Sommerplatz unmittelbar am Waldrand. Wer hier einen Wohnsitz ergattert hat, behält ihn oder vererbt ihn.

Von den Terrassen der hoch über der Straße thronenden Villen blickt man über Eppelheim und Schwetzingen zum Rhein und bis nach Mannheim. Die Ebene ist weit, kein Hügel versperrt die Sicht. Die Luft scheint ein wenig kühler, ein wenig sauberer zu sein als unten in der Innenstadt. Man ist unter sich. Keine Geschäfte, Firmen und Werkstätten ziehen Kunden und Passanten an. Es ist eher die Tierwelt, die sich vor den dicht stehenden Bäumen sehen lässt. Eichhörnchen rasen die Stämme entlang, Rehe blinzeln ab und an neugierig aus dem Wald, und die Vögel freuen sich über so viel Natur.

Wenn man zwischen dem Bergfriedhof und Rohrbach entlangschlendert, entdeckt man noch viele der um 1900 entstandenen ältesten Bauten des Rohrbacher Villenviertels. Nur wenige Gebäude stehen unter Denkmalschutz. Auch deshalb wurden moderne Anbauten ergänzt oder Zäune erneuert. Lediglich bei den Hausnummern 85 und 93 – laut Denkmaltopografie eine Villa mit klassizistischem Bezug und ein im zeitgenössischen Landhausstil erstelltes Wohngebäude – sind Veränderungen unerwünscht. Aber unter uns: Die Kombination der alten Mauern mit modernen, stilsicheren Elementen bietet ein viel größeres Spannungsfeld und einen eigenen Reiz, den man selten trifft. Tipp: ein bis zwei Stunden vor dem Sonnenuntergang starten und das späte Sonnenlicht auf den Fassaden in der »Blue Hour« genießen.

Adresse Panoramastraße, ältester Abschnitt zwischen Hausnummer 81 und 131, 69126 Heidelberg-Südstadt | **ÖPNV** Haltestelle Eichendorffplatz der Straßenbahnlinien 23 und 24, von dort rund 200 Meter bergauf | **Anfahrt** wenige Parkplätze am Straßenrand und in den Seitenstraßen | **Tipp** An vier Stellen der Panoramastraße führen kleine Wege und Treppenstufen steil in den Wald hinauf. Sie stoßen auf einen parallel zum Villenviertel verlaufenden, gut erschlossenen Wanderweg, auf dem man abseits des großen Trubels wunderbar laufen, joggen oder mit dem Hund Gassi gehen kann.

66 Das Perkeo

Ein kleiner, lustiger Alter

Ein Schloss braucht einen Herrscher (Winterkönig Friedrich V.), eine Prinzessin (Lieselotte von der Pfalz), eine romantisch-tragische Liebesgeschichte (Elisabeth Stuart) … und einen Hofnarren. Letzterer hat es in Heidelberg zu erstaunlicher Bekanntheit gebracht. Perkeo war mit seinem Herrn, dem Innsbrucker Statthalter Karl Philipp, nach Heidelberg gekommen. Der neue Kurfürst auf dem Schloss soll ihn einst gefragt haben, ob er das große Fass allein austrinken könne. »Perché no?« – »Warum nicht?« –, antwortete der Hofnarr und hatte fortan seinen Spitznamen »Perkeo« weg. Ausschließlich Wein soll er getrunken haben, und als er im Alter erkrankte und der Arzt ihm vom Genuss des edlen Saftes abriet, trank er Wasser und starb am nächsten Tag.

Perkeo steht bis heute für leckeres Essen und guten Wein. Gelebt wird das in der ganzen Stadt, auch in dem nach ihm benannten Restaurant in der Hauptstraße. Hier blickt eine Perkeo-Statue an der Ecke des Hauses auf die vorbeischlendernden Besucher und wacht über die Gäste des Hauses wie einst über das Fass auf dem Schloss, das weiterhin eine der touristischen Attraktionen der Stadt ist. Der französische Schriftsteller Victor Hugo schwärmte bei seinem Besuch in Heidelberg: »Man müsste hier leben.« Er begegnete Perkeo am Fass und beschrieb ihn als kleinen, lustigen Alten, der am Tag 15 doppelte Flaschen Rotwein trinken könne. »Das war seine Stärke.«

Im »Perkeo« ist die Zeit stehen geblieben. Durch die farbigen Mosaikfenster scheint nur ein Teil der Sonne ins Innere. Die geschnitzten Holzwände und die dunklen Möbel tun ein Übriges. Es ist gutbürgerlich-gemütlich und versetzt die Gäste in die Zeit zurück, als man über Hofnarren noch gelacht und den Wein wie Wasser getrunken hat. Allerdings hätte sich Perkeo wohl nicht darüber gefreut, dass ausgerechnet das nach ihm benannte Frühstück keinen einzigen Schluck Alkohol enthält.

Adresse Hauptstraße 75, 69117 Heidelberg-Altstadt, Tel. 06221/650005, www.restaurant-perkeo-heidelberg.de | **ÖPNV** Haltestelle Kongresshaus der Buslinien 31, 32, 35, M 2 und M 4, von dort rund 250 Meter durch die Bauamtsgasse | **Anfahrt** Parkhaus P8, Untere Neckarstraße 38 | **Öffnungszeiten** Sa, So 9–23 Uhr, Mo–Fr 10–23 Uhr | **Tipp** Wenn sich Heidelbergs Studenten zwischen 1778 und 1914 wie Hofnarren aufführten und vor allem zu viel tranken, wurden sie von der Universität abgestraft und kamen drei Tage bis vier Wochen in den Studentenkarzer in der Augustinergasse 2. Mit Zeichnungen, einem Selbstbild und anderem Gekritzel der einst dort »Inhaftierten« an den Wänden gehört er zu den am meisten besuchten Touristenorten in Heidelberg.

67_ Der Pfisterer Obstgarten
Ein Hauch von Christo über den Apfelbäumen

Spaziert man durch die Frischeabteilungen der Supermärkte, erkennt man den zunehmenden Anteil an Bioprodukten. Wenn diese auch noch von heimischen Erzeugern stammen, gelingt der Einkauf mit gutem Gewissen. Doch manchmal kommt der Bioapfel aus Neuseeland, und ich will nicht wissen, wie viel Kerosin beim Transport verbraucht wurde und wie viele Meilen der Apfel mit Containerschiff und Lkw absolvieren musste. Umgekehrt geht das auch: heimische Erzeuger ohne Bio-Zertifikat, welches – ganz nebenbei – auch immer einen kostspieligen Prüfungsprozess erfordert.

Der seit dem 16. Jahrhundert von vielen Generationen der Familie Pfisterer betriebene Obsthof ist Mitglied im Bauernverband, im Bundesverband Erwerbsobstbau und im selbigen der Rhein-Neckar-Region und einer von 13 Demonstrationsbetrieben in Deutschland für integrierten Pflanzenschutz im Apfelanbau. Das Ziel dieser Versuchsreihe ist es, mit natürlichem – und einem Minimum an chemischem – Pflanzenschutz ein gesundes, umweltfreundliches und wirtschaftlich noch interessantes Produkt anzubieten. Als Vorreiter dieses vom Bundesministerium für Ernährung und Landwirtschaft initiierten Modells lädt der Obsthof Pfisterer regelmäßig andere Betriebe der Region und interessierte Bürgerinnen und Bürger ein, um an diesen »Hoftagen« zu zeigen, wie man es machen kann.

Auch an anderen Tagen ist der Obstbau Pfisterer einen Besuch wert. Über die langen Baumreihen sind Netze gespannt. Man fühlt sich ein wenig an das Künstler-Ehepaar Christo und Jeanne-Claude erinnert, die den Reichstag in Berlin, eine Küste in Australien oder – ganz wie bei Pfisterers – 178 Bäume nahe Basel verhüllten. Ein Lehrpfad zum Kennenlernen der Landwirtschaft führt am Hof vorbei. Auf vielen Schildern gibt es reichlich Informationen. Das Schild am Obsthof verrät, warum Obst ein wichtiger Baustein in der Ernährung ist. Mit und ohne »Bio«.

Adresse Kirchheimer Hof 13, 69124 Heidelberg-Kirchheim | **ÖPNV** von der Haltestelle Kirchheim Friedhof der Straßenbahnlinie 26 in knapp 2 Kilometern zu erreichen | **Anfahrt** Parkplätze am Feldwegrand | **Öffnungszeiten** Lehrpfad: durchgehend, Hofladen: Mo–Fr 9–18 Uhr, Sa 9–12.30 Uhr | **Tipp** Pfisterers Äpfel, Birnen, Erdbeeren, Himbeeren, Brombeeren, Johannisbeeren, Stachelbeeren, Kirschen, Zwetschen, Mirabellen, Aprikosen, Pfirsiche, Nektarinen, Quitten, Walnüsse, Grünspargel und Branntweine und Säfte aus der eigenen Brennerei und Mosterei verkauft der Hofladen in der Hagellachstraße 2 in Kirchheim.

68 Das »primitive« Kunsthaus
Hier kann man seine Fähigkeiten entfalten

»Jeder Mensch ist ein Künstler«, hat Joseph Beuys einmal gesagt und genauer: »… ob er nun bei der Müllabfuhr ist, Krankenpfleger, Arzt, Ingenieur oder Landwirt. Da, wo er seine Fähigkeiten entfaltet, ist er Künstler.« Nun haben wir ja alle mal mehr oder weniger künstlerisch agiert. Als Kleinkinder mit Wachsmalstiften zur Freude unserer Eltern. Im Unterricht in der Schule oder vielleicht auch aus eigener Motivation. Ob das dann Kunst ist, entscheiden andere. Zum Beispiel Egon Hassbecker, der in der Haspelgasse eine Galerie im »Haus Cajeth« gründete. Dort findet man seit 1982 Bilder von unbekannten Künstlern. »Primitive Kunst« nannte er das und legte Wert darauf, dass seine Protagonisten nie eine Kunstschule von innen gesehen haben.

Einer von ihnen war der Regisseur und Bühnenbildner Achim Freyer. Der Meisterschüler Berthold Brechts sammelt selbst Kunst, hat auch Werke im Haus Cajeth gefunden und kam zusammen mit dem Heidelberger Galeristen auf die Idee, eigene Werke hier auszustellen. Dabei ging es um Freyers bildnerische Arbeiten zu Heinz Holligers Oper »Schneewittchen«, die er am Theater Basel aufführte. Die eigenen Schneewittchen-Werke wurden kurzerhand mit Arbeiten aus anderen Werkstätten, die beiden Männern gefallen hatten, zu einer Sonderausstellung zusammengetragen. So oder so ähnlich entstehen die Kontakte und Themen seit 1982 im Museum für primitive Kunst oder, wie Hassbecker es nannte, »Art of Outsiders«. Fast alle seine Maler hatten nicht den Anspruch, Künstler zu sein, und dennoch den Wunsch, sich in Bildern auszudrücken. Frei von Zwängen und Konventionen und abseits der bekannten Epochen und Kategorien der Kunstszene ist so eine einmalige Sammlung entstanden, die man gesehen haben muss. Das Haus Cajeth wurde übrigens 1735 für den Kurpfälzer Münzwart Anton Cajeth errichtet. Das Museum leitet heute Karin Liane Mysz im Sinne des verstorbenen Gründers.

Adresse Haspelgasse 12, 69117 Heidelberg Altstadt, Tel. 06221/4307134 oder 24466, www.cajeth.de | **ÖPNV** Haltestelle Alte Brücke der Buslinien 35, M 4, M 5, von dort rund 150 Meter | **Anfahrt** Parkplätze an den Neckarstaden rund 100 Meter entfernt, Parkhaus Kornmarkt etwa 350 Meter | **Öffnungszeiten** Mo–Sa 11–17 Uhr | **Tipp** Verliebt? Dann gehen Sie doch aus der Galerie zurück zum Neckar, überqueren diesen auf der Alten Brücke, holen das zuvor gekaufte Liebesschloss aus der Tasche und bringen dieses am Liebesstein rechts neben der Brücke am Ufer an. Romantik pur für alle, denen das gefällt.

69 Die Quilt-Sammlung
Eine amerikanische Geschichte

Marken sind der Motor der Marktwirtschaft. Apple, Google und Coca-Cola sind die wertvollsten unter ihnen. Louis Vuitton, Nike und Zara stehen bei den Modemarken ganz oben. Der Mannheimer Max Berk entdeckte das Phänomen der Markenwelten in den Vereinigten Staaten von Amerika. Dort stolperte er 1955 über die Werbefigur Betty Barclay, die für eine junge Modekollektion stand. Er erwarb die Rechte für Europa und stellte seine Wäschefabrik auf Frauenmode um. »Betty Barclay« ist heute in rund 70 Ländern vertreten und eines der erfolgreichsten Modelabels Deutschlands.

Nach seinem Arbeitsleben zog sich der Textilunternehmer nach Ziegelhausen zurück und bastelte an seinem Erbe: einem Museum, das seinen Namen trägt und zum Kurpfälzischen Museum gehört. Es ist in der 1733 auf den Mauern eines alten Kornhauses erbauten Kirche beheimatet. Auf 600 Quadratmetern sind von Zeit zu Zeit Damenkostüme ab der Mitte des 18. Jahrhunderts und Textilien aus der halben Welt von Indien über Peru und Bali bis Java ausgestellt. Man kann lernen, wie tierische und pflanzliche Fasern entstehen, wie die Produktion von Kleidung funktioniert, und man findet alte Spinnräder und Webstühle. Highlight ist die Sammlung antiker Patchwork-Quilts aus England und den USA. Die aufwendig gearbeiteten Steppdecken wurden häufig von mehreren Frauen gemeinsam entworfen, Stoffe ausgesucht und vernäht. Als Bettüberwurf verwendet, erzählen sie Geschichten und waren oft das einzige Schmuckstück in den kargen Blockhütten. Je nach Region wurden unterschiedliche Stoffe und Muster verwendet. Ich liebe den Film »Der amerikanische Quilt«, in dem sich Frauen beim Nähen ihre Lebensgeschichten erzählen und der einen Einblick in die historische Bedeutung der Decken gibt. Als international beachteter Höhepunkt in der Textilsammlung Max Berk gilt die alle drei Jahre stattfindende »Europäische Quilt-Triennale«.

Adresse Brahmsstraße 8, 69118 Heidelberg-Ziegelhausen, Tel. 06221/800317, www.museum-heidelberg.de | **ÖPNV** Haltestelle Brahmsstraße der Buslinien 33, 36 und M4 | **Anfahrt** Neuenheimer Landstraße bis Ziegelhausen, Parkplätze an der Uferstraße | **Öffnungszeiten** Mi, Sa, So 13–18 Uhr | **Tipp** »Tilly de Lux« ist ein Modelabel in Heidelberg. Die selbst ernannte »Manufaktur für Lieblingsstücke« entwirft Damenmode von Kleidern über Röcke und Hosen bis zu Accessoires (www.tillydelux.de).

70_Der Rad(hinter)hof
Nicht wegwerfen, lieber reparieren (lassen)

Wenn man lange arbeitslos ist, fällt die Eingliederung in die Gesellschaft schwer. Zu weit weg die normalen Abläufe »da draußen«, zu lange her die Erfahrungen und zu verblasst die gelernten Fähigkeiten früherer Berufstage. Damit die Rückkehr ein wenig leichter fällt, kümmert sich der Verein zur beruflichen Integration und Qualifizierung, kurz VbI, um Langzeitarbeitslose, die aus verschiedenen Gründen in diese Situation geraten sind. Dazu kommen junge Menschen, die Sozialstunden ableisten müssen. Für sie alle schafft der gemeinnützige Verein Arbeitsplätze. Es gibt ein Ausbildungsprogramm, Beratung und Betreuung auf fast allen Wegen und Jobangebote. Konkret ist da zum Beispiel ein Pflegedienst mit ausgebildeten Frauen, die ausschließlich mit Fahrrädern unterwegs sind und Frauen helfen. Eine weitere Initiative ist »1000sassa« mit Reinigungskräften, Küchenhelfern und Hauswirtschaftlern. Mein Liebling ist die Fahrradabteilung. Hier arbeiten ein paar ausgebildete Mechaniker, vor allem aber viele fleißige Helfer rund um das vielleicht wichtigste Verkehrsmittel der Stadt. Es gibt mehrere Standorte in Heidelberg, Weinheim, Sinsheim und Mannheim und sogar Zweigstellen in Südafrika und Ruanda, wohin Räder und Know-how geliefert wurden und wo Einheimische nun selbst den Zweiradservice übernommen haben.

Der größte Standort ist der Radhof Bergheim mit seiner Hinterhofwerkstatt. Hier werden Fahrräder von Kunden repariert, Gebrauchtzubehör verkauft oder einfach nur Tipps zum Selbstreparieren gegeben. Viele Heidelberger schenken dem Radhof ihre alten, kaputten Räder. Diese werden dann entweder als Ersatzteillager ausgeschlachtet oder instand gesetzt und zum Kauf angeboten. Bis zu zehn Mitarbeiter zählt der Radhof, der mit einem gefüllten Keller, einer urigen alten Werkstatt und dem gepflasterten Innenhof auch eine Wohlfühlatmosphäre bereithält. Radeln Sie doch mal hin!

Adresse Bergheimer Straße 101, 69115 Heidelberg-Bergheim, Tel. 06221/970382 | **ÖPNV** Haltestelle Volkshochschule der Buslinien 22, 35 und M2 | **Anfahrt** Parkplätze an der Bergheimer Straße | **Öffnungszeiten** Mo–Fr 10–18 Uhr, Sa 10–13 Uhr | **Tipp** Im »Haus der Jugend« in der Römerstraße 87 gibt es ein »Repair Café«, in dem neben Fahrrädern auch Haushaltsgeräte, Elektrogeräte und sogar Kleidung in Zusammenarbeit mit ehrenamtlichen Kräften repariert beziehungsweise geflickt werden können. Die Erfolgsquote ist hoch, und das Ergebnis schont Finanzen und Umwelt (www.oekostadt.org/Repaircafe).

71 Das Recyclingkaufhaus
Verschenken und verkaufen statt wegwerfen

Was der eine wegwerfen möchte, kann ein anderer gut gebrauchen. Nach diesem Prinzip funktionieren Flohmärkte oder eBay. Wenn jedoch ein ganzer Haushalt aufgelöst werden muss – der alte Fernsehsessel vom Großonkel, das hölzerne Bett der Vorfahren, die Schrankkombination aus dem Hobbyraum oder die zerkratzte Anrichte aus dem Esszimmer –, wenn kistenweise uraltes Geschirr, Badutensilien, Spielzeug und Bettwäsche, Döschen und Medikamentenschränke einfach nur raussollen, dann helfen nur ein Container und Freunde, die mit anpacken. Schade eigentlich, denn dem ein oder anderen würde der 1970er-Jahre-Beistelltisch oder das Messingregal aus dem Vorratsraum gefallen.

Diesem Problem widmet sich Wolfram Plank mit seinen »Sozialen Diensten Heidelberg«. Er hilft bei Wohnungsräumungen oder Entrümpelungen und holt nicht mehr benötigte Möbel, Haushaltsgegenstände und sogar Gartenabfälle und Unrat ab. Und wo kommen die Sachen hin? Wiederverwendbare Gegenstände werden Bedürftigen gebracht, die sich keine neuen Sachen leisten können, oder verkauft. So finanziert sich das Unternehmen. Im Postgebäude am Hauptbahnhof wurde eine Halle angemietet, im »Recyclingkaufhaus« werden die Sachen nach Themen sortiert und ausgestellt. Es sieht aus wie an einem bunten Flohmarktstand – nur größer. Man kann stundenlang in Kleinkram wühlen, Möbel ausmessen oder eine Gartenausstattung zusammenstellen. Bezahlt wird im Büro, und ein wenig darf gefeilscht werden. Und wenn man vor dem Einzug und dem Einstellen der neuen, gebrauchten Möbel Hilfe benötigt, dann tapezieren und streichen die Mitarbeiter, räumen auf, reinigen die Immobilie oder pflegen den Garten. Langzeitarbeitslose und Menschen mit Behinderung werden bevorzugt eingestellt. Das Recyclingkaufhaus ist übrigens eine reine Privatinitiative und wird nicht von staatlicher Seite subventioniert. Das muss man gesehen haben.

Adresse Czernyring 15 (im Gebäude der Deutschen Post Halle 7–10), 69115 Heidelberg-Bahnstadt, Tel. 06221/6479190, www.sdheidelberg.de | **ÖPNV** Haltestelle Hauptbahnhof der Bus- und Straßenbahnlinien 5, 21, 24, 32, 33, 34 und M5, von hier 5 Minuten Richtung Bahnstadt | **Anfahrt** viele Parkplätze vor dem Kaufhaus | **Öffnungszeiten** Mo–Fr 9–18 Uhr, So 9–15 Uhr (auch für Möbelabholungen) | **Tipp** Wenn man das Kaufhaus verlässt und über den Parkplatz zum Ende des Geländes läuft, kommt man in ein inoffizielles Busmuseum. Hier reiht sich ein VW-Bulli aus der Hippiezeit an Reisebusse der 1960er und 1970er Jahre von »Klassen Reisen Heidelberg«, ausgeschlachtete Verkehrsbusse ohne Scheiben und Sitze und andere Hingucker.

72 Der Rentnerweg
Alte Bahnstrecke neu genutzt

Kinder haben keine Lust auf Spaziergänge. Die Eltern wollen raus, mindestens »die Beine vertreten« oder – schlimmer – einen ausführlichen Sonntagsausflug machen. Der Nachwuchs streikt. Sie kennen das. Unsere Gesellschaft wird immer älter, und Menschen über 50 der größte Teil der Gesellschaft. Sie sind mobil, agil und laufen gern ein paar Schritte. Vielleicht nicht mehr so weit und möglichst in der Nähe. Heidelberg hat daher einen Bewegungsparcours quer durch die Stadt ausgeschildert und sich mit dem Ausbau von öffentlichen Toiletten und Sitzmöglichkeiten der veränderten Generationen-Situation angepasst. Man nennt das heute »Naherholungsgebiete« und kümmert sich um eine gute Infrastruktur.

So auch im Heidelberger Stadtteil Pfaffengrund. Dort fuhr von 1873 bis 1967 eine einspurige Bummelbahn gemächlich von Heidelberg nach Schwetzingen. Ein schiefes Straßenschild »An der Bahn« verrät noch die einstige Nutzung. Nach der Stilllegung beschloss der Gemeinderat, anstelle der Schienen einen kombinierten Fuß- und Radweg anzulegen. Man dachte dabei vor allem an die ältere Bevölkerung, der man mit einem ortsnahen Erholungspfad Raum für entspannte Spaziergänge bieten wollte. Auf vielen Parkbänken an der rund zwei Kilometer langen Strecke zwischen A 5 und Eppelheimer Straße gibt es ausreichend Möglichkeiten zu verschnaufen.

Nach dem ehemaligen Stadtrat und geschätzten Pfaffengrunder Heinrich Menger, Ehrenmitglied im Turnverein und Mitbegründer der »Karneval Gesellschaft«, benannte die Stadt den neuen Weg. Die Bevölkerung honorierte die Bemühungen, fand aber aufgrund der Nutzung durch viele ältere Menschen schnell einen neuen Namen: Rentnerweg. Obwohl die Strecke kreisförmig um die Gemeinde verläuft, ist sie ohne Autoverkehr die schnellste und sicherste Verbindung auch für Kinder, Hundehalter, Radler und Jogger. Einfach idyllisch.

Adresse Heinrich-Menger-Weg, 69123 Heidelberg-Pfaffengrund | **ÖPNV** Haltestelle Henkel-Teroson-Straße der Buslinien 22 und M2 am Weganfang oder Haltestelle Schützenhausbrücke der Buslinie 35, rund 150 Meter entfernt | **Anfahrt** Stellmöglichkeiten in den benachbarten Straßen | **Tipp** Eine ähnliche Idee wie beim Rentnerweg verfolgte die Stadt Heidelberg bei der Einführung von »Bewegungsparcours«. An mehreren Stellen hängen kleine grüne Schilder mit zwei blauen Strichmännchen und einem Pfeil darauf, zum Beispiel in Pfaffengrund (Start am Seniorenzentrum im Storchenweg), in Rohrbach und in der Altstadt (Start am Seniorenzentrum in der Marstallstraße).

73 Das Rizal-Ufer
Vom Fischerdorf zum Wehrsteg

Er war ein Märtyrer und ist bis heute Nationalheld auf den Philippinen. Der Schriftsteller, Philosoph und Freiheitskämpfer Dr. José Rizal studierte in Heidelberg Augenheilkunde und die deutsche Sprache. In seiner Heimat setzte er sich für die Unabhängigkeit ein. Obwohl nicht beteiligt, wurde er als Anstifter einer Rebellion zum Tode verurteilt und von den spanischen Besatzern am 30. Dezember 1896 im Alter von 35 Jahren hingerichtet. Bis heute sind seine Werke fester Bestandteil der nationalen Kultur der Philippinen. Während seiner Zeit in Deutschland schrieb er das Gedicht »An die Blumen von Heidelberg«, eine Liebeserklärung: »Geht, Blumen, und erzählt vom ersten Sonnenstrahl, der am kühlen Neckarufer eure Blüten öffnete und, versunken in Gedanken an der Heimat ew'gen Frühling, den stillen Wanderer an eurer Seite fand …« Nicht der einzige Grund, warum viele Heidelberger dem Rizal-Orden »Chapter of Rizal« beigetreten sind. Die Stadt ehrte ihren Besucher mit dem nach ihm benannten Rizal-Ufer und einem Gedenkstein.

Das Rizal-Ufer verbindet die Kernstadt mit dem westlichen Stadtteil Wieblingen. Hier und auf der parallel verlaufenden Mannheimer Straße pendeln Tausende zum Arbeiten und Einkaufen. Wer es sportlich mag, fährt mit dem Rad. Am liebsten am Ufer entlang, das gleich zu Beginn einen abfallenden Einstieg bietet, auf dem man Schwung holt. Der schmale Grünstreifen ist eines der schönsten – weil vielfach noch unberührten – Ufer am Neckar. Auf einem schmalen Pfad spaziert man zwischen dem Wieblinger Dorfkern und dem Wasserkraftwerk. Parkbänke bieten Platz zum Entspannen und Beobachten. Das feuchte Flussrandgebiet wirkt auf den ersten Blick etwas spröde. Lässt man sich und den Tieren Zeit, kann man allerlei Vogelarten in und über den Schilf- und Grasflächen beobachten. Nicht nur für die Radfahrer wurde der Weg gepflastert, er ist nun trocken und stabil.

Adresse Einstieg Wehrsteg: Vangerowstraße 22, 69115 Heidelberg-Wieblingen; Einstieg Wieblingen: Mannheimer Straße (Höhe Hermann-Treiber-Straße), 69123 Heidelberg | **ÖPNV** Haltestelle Gneisenaustraße am Wehrsteg oder in Wieblingen die Haltestelle Hermann-Treiber-Straße, jeweils mit den Buslinien 34, 35 und M2 | **Anfahrt** nur Fahrrad- und Fußweg, keine Parkplätze am Ufer | **Tipp** Am Wehrsteig angekommen, laufen Sie über den Neckar. Auf der anderen Seite liegt rechter Hand das Kulturdenkmal »Haus am Wehrsteg«, eine Künstler-WG, wo von Zeit zu Zeit Ausstellungen zu besichtigen sind oder Lichtinstallationen die Hauswand als Leinwand nutzen (www.hausamwehrsteg.de).

74_Die Romantikwiese
Ein bisschen wie fliegen …

»Ich hab mein Herz in Heidelberg verloren, in einer lauen Sommernacht. Ich war verliebt bis über beide Ohren, und wie ein Röslein hat ihr Herz gelacht.« Der Text von Fritz Löhner-Beda und die Vertonung von Fred Raymond sind allgegenwärtig. Das Stadtmarketing verwendet das Herz auf Merchandisingartikeln, und auch auf diesem Buch prangt es. Auch ein Zeichen für Romantik, für die Heidelberg mehr steht als irgendeine andere Stadt auf der Welt. Klar, man kann sich auch in der Stadt der Liebe – Paris – oder in der der Hochzeitsreisen – Venedig – verlieben. Mehr Bezüge zur kulturhistorischen Epoche der Romantik findet man jedoch in der Stadt am Neckar. Hinweise auf die Dichter Achim von Arnim, Clemens Brentano und Joseph Victor von Scheffel, das Schloss, die kleinen, belebten Altstadtgassen, der Blick ins Neckartal, das – wenn auch heute teilweise verbaute – Flussufer und die vielen Ausblicke prägen das Stadtbild.

Dabei ist es angesichts der rund zwölf Millionen Gäste pro Jahr recht schwer, einen ruhigen Platz zu finden, um die Romantik lebendig werden zu lassen. In den Kneipen ist es eher laut, auf den Schiffen voll, am Neckarufer fahren viele Autos, und auf den Wanderwegen sind die Wanderscharen unterwegs. Die Heidelberger Studenten sind da einfallsreicher und bereit, für den richtigen Moment weitere Wege auf sich zu nehmen. Einen Ort haben sie gefunden, sie treffen sich zum Sonnenuntergang auf der Wiese unterhalb der Aussichtsplattform auf dem Königstuhl. Der Hang zieht sich wie eine Landzunge zwischen den hohen Bäumen der Stadtwälder in Richtung Tal. Die Wiese ist gemäht, um den tagsüber hier startenden Gleitschirmfliegern gute Bedingungen zu bieten. Ein Sprung über die Mauer vor der Baustelle des Hotels, 100 Meter den Hang hinunter, Decke und Flasche aus dem Rucksack holen und dann Sonnenuntergang und Aussicht mit dem oder der Liebsten im Arm genießen. Romantik pur.

Adresse Königstuhl, 69117 Heidelberg-Altstadt | **ÖPNV** die letzte Bergbahn oder den letzten Bus der Linie 39 nehmen und das eine Stündchen zweisam zurücklaufen | **Anfahrt** aus der Altstadt über die Klingenteichstraße hinauf, Parkplätze um diese Uhrzeit reichlich vorhanden | **Tipp** Romantische Orte sind die Handschuhsheimer Tiefburg und der Grahampark davor. Hier finden sich in den Abendstunden lauschige Plätzchen, an denen man herrlich plaudern und die mitgebrachten Leckereien verkosten kann.

75 Das Schlösschen
Wo einst Kaiser und Zaren verkehrten

Das klassizistische Lustschloss in Rohrbach ist ein Märchenschloss. Betritt man das Anwesen, schaut man auf den herrlichen Park und das – wenn man abends geht – ins Sonnenlicht getauchte Haus und fühlt, wie das Herz einen Sprung macht. Die sattgrünen Wiesen, ein kleiner Bach dazwischen, ein Teich, von Schilf und Gräsern umsäumt, Parkbänke und geschwungene Gehwege. Das Wasser plätschert leise und spielt die Musik zur malerischen Kulisse. Kaum zu glauben, dass dieses Idyll fast in Vergessenheit geraten ist und nur noch wenige Besucher zählt.

Dabei hat das Schloss eine Anziehungskraft, die sogar die Herrscher Europas lockte. Errichtet wurde es als Jagdschloss mit einem damals noch größeren Landschaftspark um 1770 von Herzog Karl II. August von Pfalz-Zweibrücken. Der elegante Name: »Maison de Champagne«. 1803 wurde Amalie von Baden die Eigentümerin, die als »Schwiegermutter Europas« berühmt wurde, hatte sie doch vier ihrer fünf Töchter als Ehefrauen in oberste Häuser gebracht. Ein Schwiegersohn war Zar Alexander von Russland, der mit Tochter Luise im Juni 1815 hier verweilte, zusammen mit Kaiser Franz von Österreich. Beide wollten nahe bei ihren Truppen sein, die versuchten, den aus der Verbannung in Elba zurückgekehrten Napoleon in Schach zu halten. Trotz des drohenden Krieges ein gesellschaftlicher Höhepunkt in der Rohrbacher Geschichte.

Die feine Gesellschaft ging, Gönner kamen und starteten 1898 mit einem Genesungsheim für die arbeitende Klasse die medizinische Laufbahn des Rohrbacher Schlösschens. Im Ersten Weltkrieg wurde es Lazarett, ab 1920 LVA-Tuberkulose-Klinik, dann bis heute Thoraxklinik des Heidelberger Universitätsklinikums mit einem erstklassigen Ruf.

Das Schloss ist nicht mehr in den Klinikalltag integriert, sondern wird für Schulungen und Veranstaltungen genutzt. Der Vermittler bietet es auch für private Feiern an.

Adresse Parkstraße, 69126 Heidelberg-Rohrbach | **ÖPNV** Haltestelle Ortenauer Straße der Bus- und Straßenbahnlinien 23, 24, 29 und M1, von dort rund 400 Meter | **Anfahrt** Parkplätze in den umliegenden Straßen | **Öffnungszeiten** Park durchgehend, Innenräume nur bei Veranstaltungen, das Ruhebedürfnis der Patienten bitte respektieren | **Tipp** Im Park stehen ein Outdoor-Tischkicker und ein paar Fitnessgeräte. Wagen Sie ein Spielchen oder joggen Sie eine Runde durch Rohrbach und halten Sie sich an den kostenfreien Fitnessgeräten fit.

76 Die Schnitzelbank
Wein aus Fässern, Essen auf der Bank

Bänke stehen für Gemütlichkeit. Omas Eckbank hat fast jeder in seiner kindlichen Vergangenheit gespeichert. Aus Eiche gezimmert, standen die heute aus der Mode gekommenen Möbelstücke um den Küchentisch, und Schinkennudeln, Frikadellen oder Geschichten von früher kamen auf den Tisch. Auch in der Gastronomie waren und sind Sitzbänke rund um den Stammtisch eine optische Einladung zum Austausch. So stellt man sich auch die Schnitzelbank vor über 100 Jahren vor.

In der 1882 als Küferei und Weinhandlung Herrmann gegründeten Gaststätte trafen sich die Handwerker der Altstadt-Werkstätten, zuerst auf Fässern sitzend zum Feierabend auf einen Pfälzer Wein. 20 Jahre später wurde die Küferarbeit eingestellt, Fässer, Hobelbänke und Werkzeug blieben, die »Schnitzelbank« war geboren. Der originelle Name Schnitzelbank ist die Zusammensetzung der ursprünglichen Aktivitäten des Hauses: Schnitzel braten und Fassdauben auf Hobelbänken herstellen. Der bekannteste Gast war Heinrich George, Vater von »Schimanski« Götz George, der vor seinen Auftritten bei den Reichsschlossfestspielen auf ein oder zwei oder drei Viertel vorbeikam. Heute teilt sich eine bunte Mischung aus Touristen, Studenten und alteingesessenen Heidelbergern die Plätze an den großen Tischen. Wie die Handwerker vor 100 Jahren kommt man schnell miteinander ins Gespräch. Ob der Name »Schnitzelbank« vielleicht doch von den Schweizer Einwanderern in Heidelberg stammt, ist nicht überliefert. Denn bei den Eidgenossen ist eine Schnitzelbank ein humorvoller Vers, der rhythmisch oder gesanglich vorgetragen wird. Klingt so ähnlich wie Poetry-Slam.

Die Schnitzelbank ist eine Institution und das Menü ein Bekenntnis zur heimischen Esskultur und zur eigenen Vergangenheit: Zimmertheatersalat. Käsespätzle. Rahmspinat-Spiegeleier. Pfälzer Saumagen. Badische Schäufele oder Schwäbische Maultaschen. Wein vom Land.

Adresse Bauamtsgasse 7, 69117 Heidelberg-Altstadt, Tel. 06221/21189, www.schnitzelbank-heidelberg.de | **ÖPNV** Haltestelle Kongresshaus der Buslinien 31, 32, 35, M 2 und M 4 | **Anfahrt** Parkhaus P8, Untere Neckarstraße 38 | **Öffnungszeiten** Mo–Fr 17–1 Uhr, Sa, So 11.30–1 Uhr | **Tipp** Studenten treffen sich mit Freunden in den Abendstunden mit Getränken auf der Montpellierbrücke, um Züge zu beobachten. Speyerer Straße 1 ins Navi eingeben, dann steht man direkt vor der Brücke.

77 Das schönste Fenster
Die bislang nicht erwähnte Sehenswürdigkeit

In Heidelberg werden viele Sehenswürdigkeiten auf engstem Raum fotografiert. Millionen Gäste pilgern jedes Jahr zum Schloss, bestaunen die Kirchen und decken sich mit allerlei mehr oder weniger Brauchbarem ein. Sie fahren mit der historischen Bergbahn zum Königstuhl und genießen die Aussicht. Gegenüber wandern sie auf den Heiligenberg mit seinen historischen Mauern. Manche gehen in den Zoo, andere fahren zum Kurpfälzischen Museum, in dem sie Aufpasser vorfinden, die schon das Tragen eines fotofähigen Mobiltelefons tadeln. Klar, die Friedrich-Ebert-Gedenkstätte darf nicht fehlen. Schon gar nicht der Philosophenweg, auf dem man noch mehr Erinnerungen an Persönlichkeiten findet. Sie lachen über die Inschriften im Studentenkarzer, sonnen sich auf der Neckarwiese, laufen durch die Fußgängerzone der Hauptstraße, auf der mittlerweile vor allem internationale Shoppingketten ihre Produkte anpreisen. Die Alte Brücke muss sein. Smartphone auf den Verlängerungsstab montiert, lächeln sie für das Selfie an die Lieben und für die Ewigkeit. Die Neugierigen besuchen noch das ein oder andere Museum, gehen in die Gaststätten rund um den Markt oder blinzeln in kleine Gassen.

Manchmal sieht man auch Touristen, die sich wohl verlaufen haben, sind sie doch plötzlich allein unterwegs, obwohl nur ein paar Schritte vom Menschenstrom entfernt. Dann blicken sie sich um, suchen und entdecken vielleicht das schönste Fenster der Altstadt. An einem Haus in der Karlstraße, die am Ende nirgendwohin führt. Die naturliebende Bewohnerin dekoriert ihre beiden zur Wohnung gehörenden Fenster immer wieder neu. Mit frischen Blumen und schönen bunten Postkarten – nicht nur für Kinderaugen – an den hölzernen Fensterläden, in die Herzen hineingeschnitzt wurden. Heidelberger Herzen. Und dann sehen die Betrachter plötzlich das private Heidelberg: herzlich und gastfreundlich – und machen ein Foto.

Adresse Karlstraße 14, 69117 Heidelberg-Altstadt | **ÖPNV** Haltestelle Rathaus/Bergbahn der Buslinie 33, von dort rund 200 Meter | **Anfahrt** Parkhaus Karlsplatz, von dort 50 Meter | **Tipp** Die historische Bergbahn zum Königstuhl ist ein Muss. Steigen Sie unbedingt auch an der Mittelstation Molkenkur aus und genießen Sie das gastronomische Angebot mit Talblick (www.bergbahn-heidelberg.de).

78 — Der Schulplatz
Wie bei Michel aus Lönneberga

Was haben wir sie geliebt, die Geschichten vom frechen Lausbuben aus Schweden. Besonders, wenn viel los war auf dem Hof, Kinder herumtollten und die Kreativität der Streiche ihren Höhepunkt erreichte. Ein wahres Tollhaus, in dem die Welt noch in Ordnung war. Genau so stellt man sich die Vergangenheit auf dem Schulplatz vor der Stauffenbergschule vor. Das dominierende Schulhaus an einem grünen Platz mit alten Bäumen. Viele Kinder mit Bällen, Verstecken spielend und sicherlich auch ein paar Streiche aushecken. Rund um den Platz führt eine kleine Straße, von dort führen schmale Fußwege zwischen den weiteren Gebäuden hindurch. In diesen seit den 1920er Jahren im Stil der Schule gebauten Wohngebäuden lebten einst die Angestellten der Schule: Rektor, Schulmeister, Erzieher, Hausmeister und Krankenschwester. Teilweise hatten auch Pfaffengrunder Familien direkt an der Schule ihren Wohnsitz. Alle gemeinsam rund um den Schulplatz.

Die schöne Zeit endete mit dem Nationalsozialismus. Die Regeln wurden strenger, und nach dem Krieg zogen die Amerikaner in die besetzte Dorfschule. Nach den Amerikanern zogen wieder Schüler und Lehrer ein. Doch die Wohnhäuser blieben verwaist und verkamen mit den Jahren. In den 1990er Jahren erinnerte man sich an die »gute alte Zeit« und begann mit umfangreichen Sanierungen. Heute strahlen die Wohnhäuser in pastellfarbenen Gelbtönen mit roten Dächern, weißen Fensterläden, Sprossenfenstern, kleinen überdachten Erkern und wenigen Eingangsstufen ins Hochparterre wieder um die Wette. Putzige, liebevoll gepflegte Hausgärten mit Zier- und Nutzbeeten und bildschöner Dekoration schmücken sie. Die Bewohner müssen nichts mehr mit der Schule zu tun haben, lieben ihren Schulplatz jedoch kein Stück weniger.

Und wenn sich Michel aus Lönneberga eine Schule aussuchen dürfte, hätten die Lehrer im Pfaffengrund wohl einiges zu befürchten.

Adresse Schulplatz, 69123 Heidelberg-Pfaffengrund | **ÖPNV** Haltestelle Stotz der Buslinien 22, 34 und M 2, von dort rund 350 Meter | **Anfahrt** wenige Parkplätze auf dem Schulplatz, ein paar mehr in den Nachbarstraßen | **Tipp** In der Sammlung Prinzhorn in der Klinik für Allgemeine Psychiatrie in Heidelberg-Bergheim findet man beeindruckende Werke von Patienten dieser und anderer psychiatrischer Einrichtungen. Zu sehen sind rund 6.000 Gemälde, Aquarelle, Zeichnungen, Skulpturen und Texte.

79 Das Schwarzlicht-Minigolf
Reale und virtuelle Herausforderungen

Sommer, Sonne, Spaß, ein Getränk und los geht es. Minigolf ist beliebt. Erwachsene und Kinder lieben die Freizeitbeschäftigung gleichermaßen. Sobald die ersten Sonnenstrahlen zu sehen sind, wird gespielt, manchmal allein, meistens mit der ganzen Familie. Die grauen oder roten Bahnen mit den kniffligen Hindernissen bringen die Spielerinnen und Spieler zum Jubeln und Fluchen, und das Gefühl bei einem »Hole in One«, das man im Gegensatz zum Golfsport häufiger erreicht, ist einfach wunderbar. Rund 2.000 Anlagen gibt es überall in Deutschland, die meisten unter freiem Himmel.

Eine davon ist in Eppelheim. Sie ist anders. In einer alten Lagerhalle wurden 18 farbenfrohe Bahnen gestaltet, die unter Schwarzlicht und mit einer 3-D-Brille auf der Nase ungeahnte Effekte erzeugen. Reale Hindernisse sind zu überwinden, virtuelle erschweren die Orientierung. Barney Stinson, gespielt von Neil Patrick Harris, aus der US-amerikanischen Serie »How I Met Your Mother« brachte den Hype um »Gleamgolf« ins Rollen. Er »datete« eine Schönheit auf einem solchen Platz, die Zuschauer wollten es ihm gleichtun und in diese glänzende, leuchtende Welt eintauchen. Jede Bahn hat ein eigenes Thema: Mal findet man sich in einer Zahlenwelt wieder, mal geht es zurück in die Eiszeit. Gefangen im Spinnennetz, verwirrt von Spiralen oder irritiert von geometrischen Formen, muss der Blick und schließlich auch der Ball stets zielsicher ins Loch gehen. Schläger und Bälle sind die einer herkömmlichen Minigolfanlage. Die Eintrittspreise ebenfalls. Kinder bis vier Jahre zahlen nichts. Und wer nach rund eineinhalb Stunden Spielzeit noch nicht genug hat, der kann im gleichen Gebäude eine Mission Lasertag durchlaufen. Wie beim bekannteren Paintball müssen dabei Punkte durch Abschießen des Gegners gesammelt werden. Wer getroffen wird, bekommt einen Minuspunkt. Da kann man auch mal auf die Sonne verzichten.

Adresse Maybachstraße 6, 69214 Eppelheim, Tel. 06221/9985650, www.world-of-gleamgolf.de | **ÖPNV** Haltestelle Eppelheim Rathaus der Buslinie 22, von dort rund 1 Kilometer | **Anfahrt** Parkplätze auf dem Gelände und an der Straße | **Öffnungszeiten** Mo–Do 15.30–23 Uhr, Fr 15.30–24 Uhr, Sa 10–24 Uhr, So und Feiertage 12–22 Uhr | **Tipp** Eine der schönsten Golfanlagen Deutschlands ist der 18-Loch-Platz des GC Heidelberg-Lobenfeld. Das einzigartige Naturjuwel wurde sanft in die Landschaft eingebettet, man trifft auf Zeugnisse römischer Siedlungen, Bachläufe und natürliche Hindernisse. Für Anfänger gibt es Schnupperkurse (www.gchl.de).

80 Der Schweizerweg
Von römischen und Schweizer Einwanderern

Heidelberg hat über 900 Straßennamen. Die älteste belegte Straße ist der Galgenweg, der 1294 – nomen est omen – zu einer Hinrichtungsstätte führte. Die Straße hat heute den Namen Römerstraße, weil darunter eine Trasse der Römer verlief. Überhaupt ist Heidelberg mit Superlativen in Sachen Alter reich gesegnet. Das Schloss liegt an der ältesten deutschen Ferienstraße, der Burgenstraße. Die Universität ist die älteste in Deutschland, die Universitätsbibliothek auch. Und dann ist da natürlich noch der Homo Heidelbergensis, einer der ältesten Funde menschlichen Lebens.

Vor allem die Römer haben Erzeugnisse ihrer Töpfereien, Heiligtümer und ganze Gräberfelder zurückgelassen. Einer der Fundorte lag zwischen Schulzengasse, Brückenstraße und Philosophenweg. Dort zweigt auf Höhe des Philosophenwegs 1a der anfangs asphaltierte Schweizerweg ab. Geht man diesen rund 50 Meter steil bergauf, an Gebäuden vorbei, kommt man zu einem schmaleren Pfad. Rechts und links versperrt eine bemooste Bruchsteinmauer den Blick, am Boden Gräser und Unkraut, und in der Mitte steigt man über Pflastersteine in Richtung Heiligenberg. Man könnte in einem römischen Aquädukt unterwegs sein, immer auf der Hut, dem gleich mit Urgewalt den Hang hinunterdonnernden Wasser auszuweichen. Der Weg teilt sich in einen linken Pfad zum Wohngebiet an der Mönchbergsteige und einen rechten Zweig zur Bismarcksäule und auf den Oberen Philosophenweg. Der Aufstieg ist beschwerlich, aber man fühlt sich etwas abseits der touristischen Trampelpfade in einer anderen Zeit.

Übrigens: Der Heidelberger Norbert Emmerich hat bei seinen Familienforschungen Schweizer Vorfahren entdeckt und Namen weiterer Schweizer zusammengetragen, die in Heidelberg leben und deren Ahnen nach dem Dreißigjährigen Krieg aus dem Alpenland eingewandert sind. Darunter findet man so schöne Namen wie Bäclli, Grüssi, Köchli oder Schiessli.

Adresse Schweizerweg, 69120 Heidelberg-Neuenheim | **ÖPNV** Haltestelle Bergstraße der Bus- und Straßenbahnlinien 5, 23, 31 und M 5, von dort jeweils 100 Meter | **Anfahrt** Parkhaus Nordbrückenkopf | **Tipp** Vor oder nach der Wanderung auf dem Schweizerweg sitzt man im »River Café« unweit des Neckars beim Frühstück, einem günstigen Mittagstisch, den River-Café-Antipasti für den Hunger zwischendurch oder am Abend bei Wild- und Fischgerichten (www.river-cafe-hd.de).

81 Die Senf-Manufaktur
Jetzt klappt's auch mit dem Grillen

Was wäre ein Wiener, ein Nürnberger oder ein Thüringer Würstchen ohne Senf? Wenn es nach Matthias Keitemeier geht, nichts. Der Heidelberger hat seine eigene Senf-Manufaktur gegründet. Die Idee für die Produktion des scharfen Gewürzes kam dem Betreiber der »Heidelberger Senfmühle« beim Grillen. Mit Freunden ärgerte er sich über die fade industrielle Würze und fing an, über Alternativen nachzudenken. Es folgten Lehr- und Wanderjahre zu vielen Senfmühlen, Literatur wurde gewälzt und die Gründungsidee verfeinert.

Die Senfpflanze gedeiht mit ihren schwarzen, weißen, gelben oder braunen Senfkörnern auf Feldern, ähnlich gelb leuchtend wie der verwandte Raps. Ursprünglich aus China, kam der Senf über Griechenland erst 1726 nach Deutschland. An der Pflanze entwickeln sich Schoten, in denen die wertvollen Senfkörner liegen. Diese werden bei Keitemeier sanft geschrotet und über Nacht mit Essig, Wasser, Salz, Zucker und Gewürzen eingemaischt. Wenn sie aufgequollen sind, wird die Maische mehrfach in der Senfmühle zwischen zwei schweren Granitsteinen vermahlen. Bei diesem schonenden Verfahren bleiben die gesundheitsfördernden ätherischen Öle, die Vitamine und der natürliche Geschmack im Gegensatz zur Beigabe von Geschmacksverstärkern bei der industriellen Herstellung erhalten.

Die unterschiedlichen Geschmacksrichtungen werden mittels regionaler Zutaten erzeugt. Nur kontrolliert biologische Betriebe dürfen liefern, damit der Heidelberger Senf bio-zertifiziert sein darf. Die Senfkörner stammen aus Schwäbisch Hall, die Kräuter aus einer Gärtnerei in Hessen. Das Salz wird von einer kleinen Saline geliefert, der Apfelsaft von Odenwälder Streuobstwiesen, der Traubensaft aus der Pfalz, der Akazienhonig aus Baden und der Apfelessig vom Bodensee. Es gibt auch Senf-Saucen, -Dips oder -Salatdressings. Alles handgemacht. Geben Sie Ihren Senf dazu – aus Heidelberg.

Adresse Hardtstraße 1, 69124 Heidelberg-Kirchheim, Tel. 06221/7278180, www.heidelbergersenf.de | ÖPNV Haltestelle Kirchheim/Rohrbach der S-Bahn-Linie S 3 und S 4, erreichbar auch mit den Buslinien 28, 33 und M 3 | Anfahrt Parkplätze neben dem Gebäude | Öffnungszeiten Mo–Mi 14–18 Uhr, Führungen auf Anfrage | Tipp Wo wir gerade beim Grillen sind: Wer zu Hause keine Möglichkeit hat, geht mit seinem Grillzeug auf die Neckarwiesen, wer feiern will, bucht in Ziegelhausen die Pferchel- oder in Handschuhsheim die Hellenbachgrillhütte. Beide kann man je nach Dauer und Wochentag für 20 bis 90 Euro online buchen (www.natuerlich.heidelberg.de).

82 Der Skulpturenpark
Zur Ruhe und zu sich selbst finden

Die Universitätskliniken gehören zu den besten Krankenhäusern der Welt. Forschung, Prävention, Diagnose und Therapien sind hier auf höchstem Niveau. Patienten reisen von weit her an, um sich bestmöglich versorgen zu lassen. In meiner Familie gab es vor über zehn Jahren einen schwierigen, selten da gewesenen Fall. Der Chefarzt des behandelnden Krankenhauses empfahl die Uniklinik Heidelberg, und die Ärzte dort retteten mit einer komplizierten Operation das Leben meiner Nichte.

Eine der Fachabteilungen ist die Orthopädische Universitätsklinik. Sie liegt abseits der Neuenheimer Zentrale am Neckar in Schlierbach. Neben den medizinischen Angeboten ist es für Patienten und Besucher eine Wonne, durch die Parkanlagen zu schlendern, auf einer der vielen Bänke Platz zu nehmen, zur Ruhe und zu sich selbst zu finden und den eigenen Heilungsprozess auch mittels der grünen, gepflegten und sauerstoffreichen Umgebung zu beschleunigen. Inmitten dieses Gartens stehen seit 1995 Skulpturen namhafter Künstler des 20. und 21. Jahrhunderts. Jede für sich ist Inspiration und ein Augenschmaus. Rund 25 Werke sind dauerhaft zu sehen, jährlich kommt eine Sonderausstellung hinzu. Mir gefiel besonders eine Holzkonstruktion von Claus Bury, einem der bedeutendsten deutschen Bildhauer der Gegenwart. Höhen und Tiefen, Ebbe und Flut, »ups and downs« – doch mit diesem Schiff geht es stabil immer weiter ans Ziel. Bury schuf diese Arbeit im Rahmen seines Gesamtwerks »Gegenläufig«, für das er jahrelang mehrere Objekte zusammenstellte. Als Dauerleihgabe schwimmt der »Kahn« nun im Landschaftspark des Orthopädischen Universitätsklinikums und bereichert die Ausstellung. Und nebenan fließt das Wasser des Neckars vorbei. Der Park ist öffentlich, ein Parkhaus gleich nebenan, und im Klinikrestaurant gibt es bezahlbare, frische Leckereien und Getränke, um den Besuch mit einem kleinen Picknick zu krönen.

Adresse Schlierbacher Landstraße 200a, 69118 Heidelberg-Schlierbach, www.skulpturenpark-heidelberg.de | **ÖPNV** Haltestelle Schlierbach-Orthopädische Klinik der S-Bahn-Linie S1, von dort nur eine Treppe hinauf | **Anfahrt** Anfahrt über B 37 am Neckar entlang, Klinik ausgeschildert, Parkhaus am Klinikum | **Tipp** Skulpturen, Keramiken und Bilder des deutschen Malers, Bildhauers und Fotografen Stefan Szczesny sind im Park und in den Räumen des Schlosshotels Molkenkur in der Altstadt dauerhaft und durchgehend zu sehen.

83 Die Skylab-Terrassen
Ein Platz in der Zukunft

Die allererste US-amerikanische Raumfahrtstation Skylab startete 1973 in den Weltraum. Kaum weniger futuristisch mutet das Labor- und Bürogebäude im neuen Viertel Bahnstadt an. Universität, Wirtschaft und Wissenschaft sollen hier perfekte Rahmenbedingungen haben. Der US-amerikanische Mäzen Henry Jarecki, Bauherr des 60 Millionen teuren und weithin sichtbaren Komplexes, suchte und fand wissenschaftsbasierte Hightech-Unternehmen als Nutzer. Der Hauptturm besteht aus neun Stockwerken, von denen die obersten drei seitlich überhängen und Schatten für die Skylab-Terrassen spenden. Wo früher die Güterzüge rollten, Waren verladen und Loks rangiert wurden, entstand das neue Stadtviertel, von dem Kritiker behaupten, es sei – aufgrund der Immobilienpreise – nur für Reiche gebaut worden.

Nicht ganz billig wirkt auch das Skylab-Gebäude mit seiner Metallfassade und den wie zerknitterte Papierstreifen aussehenden Sonnenschutz-Flächen, die bei hellem Licht vor die Fenster gleiten. Hier sitzen und arbeiten die Mitarbeiter von Reckitt Benckiser und entwickeln unter anderem Geschirrspülmittel. Die Studenten der amerikanischen Universität mit dem deutschen Namen Schiller studieren hier internationale Studiengänge, und Heidelberg Engineering setzt an seinem neuen Hauptsitz auf diagnostische Geräte in der Augenheilkunde. Wenn man zwischen den Gebäuden auf den breiten Stufen der Skylab-Terrassen sitzt, ist davon nichts zu spüren. Von den warmen Holzelementen aus schaue ich auf den grünen Zollhofgarten, den alten Wasserturm in Richtung Bahnhof und lese in aller Ruhe ein gutes Buch. Und wenn die Sonne untergeht, geht es gleich gegenüber in das hippe Restaurant Neo mit Bar und dem Motto »Die Seele nährt sich von dem, an dem sie sich freut«. Meine Seele freut sich mit mir über diesen neuen, entspannten Ort mitten in der Skylab-Architektur – und das auch noch kostenlos.

Adresse Max-Jarecki-Straße 8, 69115 Heidelberg-Bahnstadt | **ÖPNV** Haltestelle Hauptbahnhof Süd der Buslinie 33 | **Anfahrt** Parkplätze an der Straße | **Tipp** Skylab ist Teil des Technologieparks Heidelberg. Die dazugehörige »Kantine« ist ein Café-Bistro mit zwei schönen Terrassen und montags bis freitags von 8 bis 16 Uhr geöffnet.

84 _ Die Sonnenseite
Vom vielleicht schönsten Weinberg des Landes

Von Johann Wolfgang von Goethe ist überliefert, dass er gern und reichlich Wein trank. Im Brentanohaus in Oestrich-Winkel beklagte sich Antonia Brentano nach dem Besuch des Geheimrats, dass selbiger »von unserem guten Rheinwein ganz fürchterlich viel trinken konnte« und er »ganz herablassend gewesen« sei. Deutschlands wohl bekanntester Dichter und Denker musste aber auch »die Gegend immerfort bewundern«, und das nicht nur am Rhein, sondern auch auf vielen anderen Reisen. In Heidelberg war Goethe ebenfalls zu Gast, und auch hier hatte er einen Blick für die hiesigen Weine. Angesichts des am Hang liegenden Haus-Weinbergs der Stadt soll er erfreut ausgerufen haben, dies sei »wohl der schönste Weinberg Deutschlands«.

Der erwähnte Wingert steht auf Buntstein- und Granitverwitterungsböden und liegt südlich des Philosophenwegs gegenüber dem Heidelberger Schloss. Die Einzellage lautet »Sonnenseite ob der Bruck«, ein Hinweis auf seinen Standort »oberhalb der Alten Brücke«. In der Steillage werden die Trauben von Hand gelesen. Heraus kommen Spitzenweine. Zum Beispiel 1999 ein Müller-Thurgau Trockenbeerenauslese mit 161 Grad Oechsle und – nach der Neuanlage – Riesling- und Spätburgunder-Spätlesen. 70 Meter fällt der Hang ab, die Sonne scheint fast senkrecht, und rund 4.000 Weinstöcke müssen auf den 1,4 Hektar mit 24 Terrassen gepflegt werden. Als Weinfreund empfehle ich Ihnen eine Flasche Heidelberger Sonnenseite ob der Bruck, einen passenden Käse dazu und ein Dinkelbrot. Alles zusammen in einen Rucksack – den Weißwein mit einer Kühlmanschette versehen – und dann hinauf über die Hirschgasse, nach 50 Metern rechts in den kleinen Fußweg, und nach weiteren rund 500 Metern, bereits unterhalb an den Weinbergen vorbei, geht es links auf einem schmalen Trampelpfad zurück zu den Reben. Rucksack öffnen, Wein aufschrauben und mit Aussicht auf die Stadt genießen. Zum Wohl!

Adresse gegenüber Hirschgasse 1, 69120 Heidelberg-Neuenheim | **ÖPNV** Haltestelle Hirschgasse der Buslinie 34 | **Anfahrt** Parkhaus Karlsplatz, von dort 750 Meter bis zur Hirschgasse | **Tipp** Die Weinlage Sonnenseite ob der Bruck wird vom Weingut Adam Müller aus Leimen bewirtschaftet. Der Verkauf im Weingut in der Adam Müller-Straße 1 ist montags bis freitags von 8 bis 18 Uhr und samstags von 9 bis 13 Uhr geöffnet. Weitere Informationen und Bezugsquellen auf www.weingut-müller.de.

85 Der Spielkunstplatz
Viel mehr als Rutschen und Schaukeln

Wie ein Spielplatz aussieht, weiß doch jeder. Eine Rutsche, eine Schaukel, ein Sandkasten und vielleicht noch ein Klettergerüst. So haben wir es alle mehr oder weniger um die Ecke erlebt. Auch die Garten- und Landschaftsbauer, Schreiner, Schlosser, Metallbauer, Holz- und Steinbildhauer von »Werkstatt-Spielart« kannten das. Doch sie wollten aus diesem Standard ausbrechen und mit Kreativität, künstlerischem Ansatz und individueller Beachtung der Orte und Menschen neue, individuelle Lösungen finden. Alternativ zu Playstation, Xbox und was es sonst noch gibt, sollten Kinder wieder Lust auf ihre Grundbedürfnisse bekommen und sich so richtig austoben. Die Idee ist bis heute in über 2.000 Spielplatzprojekten von der traditionellen Kleinkindschaukel im heimischen Kindergarten bis zum Bau eines ganzen Freundschaftsparks verwirklicht worden. Klar, man muss auch wippen, klettern und im Wasser und Matsch spielen können. Das ist die Grundlage, aber darüber hinaus kann man in den Spielräumen der Werkstatt mehr erleben, erfahren und lernen.

In Heidelberg habe ich drei Lieblingsprojekte: den hinreichend bekannten Walderlebnispfad am Königstuhl, auf dem Kinder auf natürliche, spielerische Weise den Wald verstehen lernen. Den Spielplatz am Theater in der Altstadt, auf dem das Thema »Theater« mit typischen Theaterköpfen, Masken aus Edelstahl oder einem an die Gestänge der Bühnentechnik erinnernden Klettergerüst umgesetzt wurde. An der Stadtbücherei geht es um alte Kulturen und Völker. Ein Hünengrab mit Edelstahlgriffen und Sonnenuhr, eine römische Liege mit Trauben und ein Klangspiel (Foto), aus dem Töne kommen, wenn man an der Sonnenscheibe dreht, laden zum Drauflegen, Sitzen oder Klettern ein. Hier handelt es sich um ein europäisches Projekt zu Römern, Kelten und Germanen, das spielerisch umgesetzt wurde und zwischen »dem Turm« und der Bücherei seinen Platz gefunden hat.

Adresse am Theater: Theaterstraße 7, 69117 Heidelberg-Altstadt; neben der Stadtbücherei: Alte Glockengießerei, 69115 Heidelberg-Bergheim, Tel. 06221/83530, www.werkstatt-spielart.de | **ÖPNV** zur Theaterstraße: Haltestelle Peterskirche der Buslinien 30 bis 33, M2 und M5, von dort rund 250 Meter; Stadtbücherei: Haltestelle Stadtbücherei der Bus- und Straßenbahnlinien 5, 21, 23, 26, 33, 34 und M3 | **Anfahrt** am Theater: Parkhaus Universitätsbibliothek; neben der Stadtbücherei: Tiefgarage P1 | **Tipp** Im Bereich des Spielart-Spielplatzes an der Stadtbucherei stand einst die Heidelberger Glockengießerei, später stand das Werk still, wurde abgerissen und wird heute von Büro- und Wohngebäuden ersetzt. Ein Denkmal mit einer Glocke erinnert an die alten Zeiten.

86 — Der stehende Zug
Schaukeln und balancieren im ICE

Von und nach Heidelberg kann man mit dem Zug fahren. Innerhalb der Stadt mit der S-Bahn. Das älteste Transportmittel auf Schienen in Heidelberg ist seit über 125 Jahren die Straßenbahn. Die Brüder Leferenz gründeten 1885 eine Pferdebahn mit bis zu 45 Vierbeinern und 40 Kutschen. Erst 1902 wurde der Antrieb elektrisch und das Verkehrsnetz fortan immer weiter ausgebaut. Trotz zweier Kriege und sinkender Fahrgastzahlen aufgrund des steigenden Autoverkehrs blieb die Stadt ihren Schienenfahrzeugen bis heute treu und wurde dafür jüngst mit einem Anstieg der Passagierzahlen belohnt. Gut so.

In der Bahnstadt gibt es ein weiteres Schienenfahrzeug, das sich allerdings nicht bewegt. Um genau zu sein, steht es starr auf seinem Platz. Es sieht aus wie ein kleiner ICE, ist genauso weiß und hat rote Streifen. Die Waggons sind durchnummeriert, doch Räder findet man nicht, und in seinem Inneren liegt feiner Sand. Es gibt Schaukeln, Slackline und Hängematte statt Sitzplätzen und Tischchen. Drum herum gibt es weitere Spielgeräte zu entdecken: eine Nestschaukel, ein Holzspielhaus und Grünflächen zum Herumtollen oder Ballspielen. Neben dem ICE verblüfft ein Zylinder voller Wasser mit einer Kurbel. Dreht man daran, steigt das Wasser an, dreht man kräftiger, entsteht ein Strudel. »Themenspielplatz« lautet das Gesamtkonzept und erinnert an den alten Güterbahnhof. Alles hat irgendwie mit Mobilität zu tun, und während die Kinder sich nach Lust und Laune bewegen, dürfen die Eltern auf hölzernen Parkbänken und Parkliegen entspannen.

Nur 400 Meter entfernt befindet sich der zweite Themenspielplatz gleich neben der Schwetzinger Terrasse. Hier steht ein lang gestrecktes rotes Feuerwehrfahrzeug zum Klettern und Verstecken mit der Notrufnummer 112 darauf. Bleibt zu hoffen, dass die Nummer nie zum Einsatz kommen muss. Gleich nebenan im Baumschulenweg ist übrigens die richtige Feuerwache.

Adresse Langer Anger 5, 69115 Heidelberg-Bahnstadt | **ÖPNV** Haltestelle Schwetzinger Terrasse der Buslinien 33 und M3 | **Anfahrt** Parkplätze in den umliegenden Straßen | **Tipp** Im kleinen Bistro mit dem lustigen Namen »Lass uns Freunde bleiben« im Zollhofgarten 6 treffen sich die Nachbarn der Bahnstadt beim günstigen Mittagstisch in stilvollem Ambiente. Auf der internationalen Karte stehen Gemüsesuppe, griechischer Salat, Spaghetti carbonara oder Burrito mit Hackfleisch. Alles auch zum Mitnehmen.

87 Die steilste Rutsche
Rasende Bewegung contra Bewegungsverbot

Oberhalb vom »Faulen Pelz« steht die vielleicht größte Herausforderung der Stadt für mutige Kinder. »Fauler Pelz« heißt das alte Gefängnis, es ist ein Denkmal des humanen Strafvollzugs. 1847 und 1848 wurde es als Bezirksstrafgerichtsgefängnis gebaut, 2015 verließen die letzten Gefangenen das Haus. Seit Kurzem kann man es jeden Samstag um 11.30 Uhr im Rahmen einer Führung besichtigen. Es ist eine der problematischsten Immobilien der Stadt, da es einerseits unter Denkmalschutz steht und deshalb nicht stark verändert werden darf, andererseits aber einen wertvollen Platz für Wohn- oder Büroflächen in der ohnehin engen Altstadt besetzt.

Hohe, aus Sandsteinquadern gebaute Mauern versperren die Sicht ins Innere. Stacheldraht-Rollen verhindern ringsum jegliche Idee eines Ausbruchs, auch wenn es einer mal mit einem Löffel als Werkzeug zum Graben versucht haben soll. Eine Nutzung für Ausstellungen oder eine Erlebnis-Gastronomie sind kaum möglich, da – wenig überraschend – Fluchtwege fehlen. Die Häftlinge bekamen von dem durchaus sehenswerten Gebäude nicht viel mit. Ihre Zelle, den Speisesaal und vielleicht den Hof – mehr Freiraum gab es nicht.

Oberhalb des Faulen Pelzes sieht es anders aus. Da verläuft die gleichnamige Straße, und von dieser führt ein Fußweg bergauf Richtung Neue Schloßstraße. Hier wurden auf engstem Raum ein Bolzplatz und ein kleiner Spielplatz mit Boxanlage, Sandkasten, Kletterseilen, einer Tischtennisplatte und einer silbernen Rutsche installiert. Letztere führt von hoch oben so steil herunter, dass man nur über eine hölzerne Klettervorrichtung wieder an den Start kommt. In rasender Geschwindigkeit leben die Kinder hier ihre Freiheit aus. Allerdings ist das auch nur etwas für die Tollkühnen, denn manchmal trauen sich zwar einige über die Holzbretter nach oben, stehen dann aber staunend und erschrocken vor der steilen Sitzrinne.

Adresse Oberer Fauler Pelz, 69117 Heidelberg-Altstadt (schmaler Eingang zum Spielplatz gegenüber dem Gefängnis) | **ÖPNV** Haltestelle Oberer Fauler Pelz der Buslinie 33 | **Anfahrt** wenige Stellplätze an der Straße | **Öffnungszeiten** Mo–Sa 8–22 Uhr, So 8–13 Uhr und 15–22 Uhr | **Tipp** Läuft man von der Rutsche links am Gefängnis vorbei über eine Treppe und dann links in die Seminarstraße, trifft man auf die Grabenstraße, in der im Hof der Neuen Universität der Hexenturm – einst ein Teil der Stadtbefestigung – steht. 1392 gebaut, dient er heute als Erinnerung an im Zweiten Weltkrieg gefallene Studenten und Dozenten der Universität.

88 Die Strebergarten-Route
Eine Liebeserklärung an die Altstadt

An diesem Ort fragt sich der Alteingesessene: »Wo soll das denn sein?« Zugegeben, es ist erst einmal kein Ort mit einem Hinweisschild, aber dennoch die vielleicht schönste Liebeserklärung an die Stadt. Und sehenswerte Orte gibt es im Strebergarten eine Menge. Ein Strebergarten ist laut der »sinnfreien Enzyklopädie« ein Ort, an dem Streber wachsen. Da man als Medizinstudent in Deutschland ein Einser-Abitur geschafft haben sollte, um nicht jahrelang auf Wartelisten zu versauern, gilt man an deutschen Schulen fast automatisch als Streber, wenn man dieses Studium anstrebt.

Jährlich treffen sich Medizinstudenten aus vielen Unis zu den »Medimeisterschaften«, 2017 am Flugplatz Obermehler in Thüringen. Im Mittelpunkt steht ein Fußballturnier, aber der eigentliche Grund für die Anreise ist das Fest der Gleichgesinnten. Jedes Team stellt sich mit einem Film vor, und der beste wird gekürt. Die Medizinstudenten der Heidelberger Universität haben dafür einen eigenen Song geschrieben und ein Video ohne Schnitt dazu gedreht. Sie eilen in grünen Latzhosen und mit Strohhüten rappend und tanzend mit dem Rad oder zu Fuß durch die Altstadt – ihrem erklärten Strebergarten.

Los geht die filmische Reise am türkischen Restaurant »Alte Gundtei« in der Zwingerstraße, dann in die Mittelbadgasse und zur Kornmarkt-Madonna. Auf dem Markt stand einst das Heilig-Geist-Spital, dessen Umrisse auf dem Platz mit Pflastersteinen nachgezeichnet wurden. Cineastisch geht es weiter in Deutschlands längste Fußgängerzone, die Hauptstraße, auf der Radfahren übrigens verboten ist. Auf dem Karlsplatz rechts ab und vor dem historischen Haus der Burschenschaft Allemannia in die Karlstraße. Hier verraten die Studenten, wie man durch ein kaum schulterbreites Gässchen in den »Hintergarten« der Altstadthäuser gelangt. Direkt vor der Heidelberger Schlosskulisse endet die Liebeserklärung an die Altstadt – den Schrebergarten.

Adresse Start: Zwingerstraße 15a, 69117 Heidelberg-Altstadt (hier auf YouTube »Strebergarten« eingeben, Video schauen und die Altstadt-Tour nachlaufen) | **ÖPNV** Haltestelle Rathaus/Bergbahn der Buslinien 30 und 33 | **Anfahrt** Parkhaus am Kornmarkt | **Tipp** Wie Medizin früher verabreicht wurde, erfährt man im Deutschen Apotheken-Museum im Heidelberger Schloss (www.deutsches-apotheken-museum.de).

89 Das Stuhlmuseum
Ein alter Brauch wird integriert

Johann Hinrich Wichern wurde 1808 in Hamburg geboren. Sein Vater starb früh, und der Älteste von sieben Geschwistern musste für seine Familie sorgen. Wohltäter ermöglichten ihm ein Studium, und er wurde Lehrer für Arbeiterkinder aus einfachsten Verhältnissen. Ein altes Bauernhaus wurde ihm gestellt. Mit Mutter und zwei Geschwistern zog er ein und nahm heimatlose Söhne von Alkoholikern und Kriminellen auf. Seine Idee ist bis heute lebendig. Nach seinem Tod wurden zahlreiche Häuser eröffnet, 1931 das »Wichernheim« in der Plöck von der evangelischen Stadtmission.

Diese hat viele Aufgaben. Sie unterhält Krankenhäuser, hilft älteren Menschen, Wohnungslosen und Suchtkranken und betreibt eine Akademie für Gesundheitsberufe. Rund 1.500 Menschen arbeiten hauptamtlich und weitere 150 ehrenamtlich bei einem der größten Arbeitgeber der Stadt. Einer davon ist Dirk Horlebein. Er absolvierte seinen Zivildienst bei der Stadtmission und arbeitete auch in der Stuhlflechterei des Wichernheims. Dort ist er noch heute, nachdem er zwischenzeitlich den Beruf des Schreiners erlernte. Inzwischen leitet er die »tagesstrukturierende Werkstatt«, in der wohnungslose und suchtkranke Menschen ein altes Handwerk fortführen: die Stuhlflechterei.

»Das Handwerk ist fast ausgestorben«, verrät Horlebein. »Den hohen Aufwand möchte heute keiner mehr bezahlen.« Von seinem ehemaligen Chef Werner Johann hat er die Kunst des sogenannten »Wiener Geflechts« gelernt. Zwei bis drei Tage dauert es, bis ein Stuhl fertig ist, berechnet werden 75 Cent pro Loch. So kommen 70 bis 90 Euro pro Stuhl zusammen. Die Kunden stehen Schlange und müssen bis zu einem Dreivierteljahr auf ihre neuen Sitzmöbel warten. Im Stuhlmuseum sind diese Stühle selten zu sehen. Nur manchmal leiht auch ein ehemaliger Kunde seinen Stuhl dem Museum. Dort stellen eher Künstler und Designer ihre Sitzmöbel-Kollektionen aus.

Adresse Plöck 16, 69117 Heidelberg-Altstadt, Tel. 06221/149874 oder 06221/149872 | **ÖPNV** Haltestelle Friedrich-Ebert-Platz der Buslinien 31 bis 33 und M 2 bis M 5 | **Anfahrt** Parkhaus in der Galeria Kaufhof gegenüber | **Öffnungszeiten** Stuhlmuseum: Mo–Fr 9–12 und 13–15.30 Uhr und während der Ausstellungen | **Tipp** Gut 100 Meter vom Stuhlmuseum entfernt liegt der Friedrich-Ebert-Platz, der – wie viele andere Orte in der Stadt – an den wohl berühmtesten Sohn Heidelbergs, den Reichspräsidenten der Weimarer Republik, erinnert. Dienstags und freitags von 8 bis 13 Uhr und donnerstags von 15 bis 18 Uhr ist hier Wochenmarkt.

90 Die Synagoge
Wie die Uni von der Judenvertreibung profitierte

In einem Eckhaus in der Dreikönigstraße streiten sich die Gäste, ob es hier »die beste Pizza der Stadt« oder nur »Unterdurchschnittliches« gibt. Auf dem Keller einer ehemaligen Synagoge wurde das schöne Haus 1713 für die Kaufmannsfamilie Wilckenhausen gebaut. Rote Ecken, grüne Läden an den symmetrisch angebrachten Fenstern und schöne Sandsteinumrandungen ziehen die Betrachter heute an. Im gleichen Gebäude, neben dem Restaurant, gibt es eine erwähnenswerte Craft-Beer-Sammlung, doch laut den Gerüchten in der Stadt sucht der Shop-Inhaber bereits einen Nachfolger.

Einen Nachfolger hatte auch Pfalzgraf Ruprecht II. im Sinn. Ihm waren die emsigen Juden im Jahr 1391 ein Dorn im Auge, und obwohl sein Onkel Ruprecht I. die jüdische Bevölkerung noch per Gesetz gegen den Groll der Einwohner und Studenten geschützt hatte, vertrieb sein Neffe sie aus der Stadt. Sogar von Ermordungen kann man in der Historie nachlesen. Der jüdische Besitz wurde konfisziert und an andere verteilt. Einer der Profiteure war die eben erst gegründete Universität. Sie erhielt die Synagoge, die vor dem Bau des Wilckenhausen-Hauses in der Dreikönigstraße an gleicher Stelle stand, und hielt hier Vorlesungen ab. Der Hochschule ist dieses dunkle Kapitel ihrer Geschichte durchaus bewusst. Ihr heutiger internationaler Ruhm geht auch auf diese unrechtmäßige Schenkung der Synagoge und vieler anderer Immobilien und Besitztümer von jüdischen Familien und Kaufleuten zurück. Nach der Vertreibung der Juden im 14. Jahrhundert kamen sie erst 1648 zurück in die Stadt. 1728 promovierte erstmals ein jüdischer Student an der Uni. Immer wieder kam es auch danach zu Ausschreitungen gegen Juden, auch durch Studenten – zuletzt nach der Machtergreifung der Nationalsozialisten. Während des Holocausts wurden erneut Juden auch in Heidelberg ermordet. Das Eckhaus in der Dreikönigstraße steht heute unter Denkmalschutz und etwa an der Stelle, die früher den Hof der Synagoge bildete.

Adresse Dreikönigstraße 25, 69117 Heidelberg-Altstadt | ÖPNV Haltestelle Alte Brücke der Buslinien 35, M 4 und M 5, von dort rund 300 Meter | Anfahrt Tiefgarage am Universitätsplatz, von hier rund 350 Meter | Tipp In der Großen Mantelgasse erinnert nur noch eine Gedenkstätte an eine weitere Synagoge, die in der Reichskristallnacht am 9. November 1938 in Brand gesteckt wurde. Im Pflaster wurden die ehemaligen Umrisse kenntlich gemacht.

91 Das Tagelöhner-Haus
Das vielleicht einfachste Haus Heidelbergs

Tagelöhner klingt wie ein Wort aus einer anderen Zeit. Dabei sind Tagelöhner ein aktuelles Problem. Bei der Weinlese kennt man das. Als Schüler habe ich selbst noch mit vielen Klassenkameraden die Trauben geerntet. Mit dem Eimer durch die Wingertszeilen. Für ein paar Mark. Wer die Bütt getragen hat, hat etwas mehr bekommen. Später war der Lohn nicht mehr genug für den satten Einheimischen, und es mussten andere gesucht werden. Die kamen und kommen – meistens – aus Osteuropa. Da ist der Euro heute noch in kleinen Einheiten etwas wert und ernährt die zu Hause gebliebene Familie. Diese Tagelöhner des 21. Jahrhunderts sind mittlerweile überall zu finden: im Baugewerbe, im Handwerk, in der Landwirtschaft, in der Pflege und an anderen Stellen, an denen saisonale Jobs angeboten werden und feste oder gar unbefristete Arbeitsverträge nicht zu realisieren sind. Sie schlafen im Auto oder in Gruppenunterkünften und leben spartanisch. Sie kommen, um zu gehen.

Vor über 100 Jahren waren Tagelöhner meist Menschen ohne Landbesitz. Sie durften bei ihrem Arbeitgeber saisonweise wohnen, bekamen Verpflegung, mussten aber nach getaner Arbeit wieder weiterziehen. Im Winter gab es davon weniger als im Sommer, und so suchten sie sich einfache Baracken und Hütten, in denen sie überwinterten. In Rohrbach hatten sie Glück. Hier wurde eine Kirche auf einen Hügel gebaut. Zur Absicherung des weichen Lössbodens wurden Böschungsmauern aus Sandstein errichtet. An einer Seite entstand so eine nach unten abfallende Wand. Diese nutzten die Tagelöhner, bauten eine Wand aus Sand- und Backsteinen gut zwei Meter davor, legten ein paar Balken für ein primitives Dach darüber und lehnten diese an den Hügel. Darunter lebten sie, später zog der Messner »Caruso« mit bis zu 13 Personen auf wenigen Quadratmetern ein. Der konnte mächtig viel trinken, leidlich singen und hatte seinen Spitznamen folglich weg.

Adresse Bierhelderweg 15, 69126 Heidelberg-Rohrbach | **ÖPNV** Haltestelle Rohrbach Markt der Bus- und Straßenbahnlinien 23, 24 und 28, von dort rund 750 Meter bergauf | **Anfahrt** wenige Stellplätze oberhalb der Kirche und in den umliegenden Gassen | **Öffnungszeiten** durchgehend von außen, keine Besichtigung von innen möglich | **Tipp** Nicht weit entfernt befindet sich die evangelische Melanchthonkirche.

92 — Die Tanzvilla
Platz zum Feiern selbst geschaffen

Romantik hin, Romantik her. Manchmal muss man es so richtig krachen lassen. Doch wo findet das Nachtleben der »Jugend von heute« statt? In der Altstadt gibt es zwar einige Kneipen, die lange geöffnet sind, aber darin sitzt man eher zusammen, als wild zu tanzen. Man könnte zur längsten Bar der Stadt, Billy Blues im Ziegler, in der Bergheimer Straße gehen. In der alten Güterhalle, die heißt für Events nun halle02, werden Konzerte und Partys von Elektro bis Hip-Hop gefeiert. Mein Highlight: freitags von 20 bis 22 Uhr. Dann kommt Poetry-Slam, Comedy, ein Gameshow-Abend, Speed-Dating, Karaoke oder was ganz Neues auf die Bühne. Im Cave in der Altstadt waren bereits Jazzgrößen wie Louis Armstrong oder Ella Fitzgerald zu Gast, heute gibt es dort außer Jazz auch heftige DJ-Partys. Ja, es ist eine Menge geboten in einer Studentenstadt, und obwohl die Anforderungen an Studenten immer härter geworden sein sollen, sieht man sie auch abends und nachts überall.

Obwohl noch nicht lange am Start, ist eine völlig abgelegene Location mittlerweile Kult: die Villa Nachttanz. Der gleichnamige Verein wollte ursprünglich nur mit einer Demo gegen das aus seiner Sicht zu schwache Angebot für junge Menschen protestieren. 1.000 Mitstreiter fanden sich und tanzten eine Nacht lang auf der Straße. Ein paar Wochen später wurde dann selbst für ein Angebot gesorgt, ein kleines Haus im Wieblinger Gewerbegebiet Rittel angemietet, und seitdem lebt die Villa Nachttanz mit monatlichen Ausstellungen, dem schon legendären Sommerfestival »Festivilla«, Konzerten und Partys. Die Termine gibt es nur in einem geschlossenen Online-Forum, damit das Ganze nicht ausufert. Die Preise sind an den studentischen Geldbeutel angepasst, unter 18 Jahren zahlt man sogar noch weniger. Man spürt es an der guten Atmosphäre: Es geht nicht ums Geldverdienen, sondern um das schöne Miteinander. Klingt das nicht romantisch?

Adresse Im Klingenbühl 6, 69123 Heidelberg-Pfaffengrund, www.villanachttanz.de | **ÖPNV** Haltestelle S-Bahnhof Pfaffengrund-Wieblingen der Linie S 1 bis S 4, dann rund fünf Minuten zu Fuß | **Anfahrt** Parkplätze im Industriegebiet und in den Straßen, nicht direkt vor dem Haus | **Öffnungszeiten** regelmäßig, aber nur nach Anmeldung im Forum | **Tipp** Auf dem Weg zur Villa Nachttanz kommt man zwangsläufig an der Heidelberger Brauerei vorbei. Diese braut seit Mitte des 17. Jahrhunderts, vertreibt heute mehr als ein Dutzend unterschiedliche Biere und Spezialsorten und kann besichtigt werden (www.heidelberger-brauerei.de).

93 Das Taufbecken
Freiraum direkt unter dem Papst

Im Jahre 1622 wurde Philipp Neri heiliggesprochen. An jedem 26. Mai denken seine Anhänger an ihn. Einer von ihnen ist Pfarrer Christof Heimpel. Er ist der Seelsorger der Gemeinde Philipp Neri, die in der Sankt-Michael-Kirche in der Südstadt, in der Sankt-Albert-Kirche in Bergheim und in der Sankt-Bonifatius-Kirche in der Weststadt aktiv ist. Er hat sich dem Oratorium angeschlossen, weil er es schön findet, in einer Gemeinschaft mit Gleichgesinnten zu arbeiten und zu leben. Ein Kloster ist das nicht, denn der Begründer Philipp Neri hatte schon immer die Seelsorge als wichtigste Aufgabe erkannt, sich ein Team zusammengestellt und die familiäre Gemeinschaft des Oratoriums gegründet. So waren sie allein dem Papst unterstellt und konnten den Freiraum nutzen, den auch Pfarrer Heimpel schätzt, zusammen mit seinen beiden Philipp-Neri-Oratorianern.

Seine katholische Gemeinde ist die größte in Heidelberg und Sankt Bonifatius eine der schönsten Kirchen der Stadt. Ab 1899 bauten die Weststädter ihre Kirche in dem damals neu gegründeten Wohngebiet. 1903 wurde das neuromanische Gotteshaus eingeweiht. Prägend sind die beiden hohen Türme, die über dem Stadtteil in den Himmel ragen. Im Inneren ist die bemalte Kassettendecke mit Schriftbändern um bunte Bildtafeln bemerkenswert. Die 1.000-jährige Basilika Sankt Michael in Hildesheim soll dafür Vorbild gewesen sein. Ein sehenswerter Kreuzweg verläuft auf beiden Seiten im Querhaus. Am Ende des linken Kreuzwegs steht ein klassisches Taufbecken. Auf dem massiven Holzdeckel thront eine – laut Pfarrer Heimpel – vermutlich der Phantasie entstandene Kirche mit vier Türmen und in alle Himmelsrichtungen zeigenden Kirchenschiffen. Hier wird heute noch getauft, und wenn das Pfarrer Heimpel macht, holt er alle Kinder nach vorne. Die dürfen dann mit dem Wasser im Becken spielen und nah dran sein, wenn ein neues Mitglied in der Gemeinde begrüßt wird.

Adresse Blumenstraße 23, 69115 Heidelberg-Weststadt, Tel. 06221/13020, www.stadtkirche-heidelberg.de/philippneri | **ÖPNV** Haltestelle Stadtbücherei der Bus- und Straßenbahnlinien 5, 21, 23, 26, 33, 34 und M3, von dort jeweils rund 300 Meter | **Anfahrt** Parkplätze in den umliegenden Straßen | **Öffnungszeiten** täglich 8–18 Uhr | **Tipp** Auf dem Wilhelmsplatz findet im Sommer das Weststadt-Spektakel und im Herbst das Weststadtfest und montags und donnerstags von 7 bis 13 Uhr (im Winter ab 8 Uhr) der Wochenmarkt statt. Der Stadtteilhöhepunkt ist allerdings der samstägliche Kulturmarkt.

94 Die Tischtennisplatten
Motorik-Schule nicht nur für Kinder

Wussten Sie, dass laut einer Langzeitstudie rund ein Drittel der deutschen Kinder keine drei Schritte auf einem schmalen Brett rückwärtslaufen können? Gravierender Bewegungsmangel aufgrund der gestiegenen Freizeitgestaltung vor Bildschirmen ist einer der Gründe für fehlendes Körpergefühl. Auch ein Mangel an geeigneten Flächen sorgt in vielen Kommunen für zu wenig Bewegung. Dann halt »raus auf die Straße«, empfiehlt die Sportorthopädin der Uni Tübingen Pia Janßen.

Über zu wenige Spiel- und Sportstätten können sich Heidelberger nicht beschweren. Private und städtische Orte für den Nachwuchs gibt es reichlich. Bei ausführlichen Spaziergängen durch die Stadt fallen die vielen öffentlich zugänglichen Tischtennisplatten auf. Windgeschützt auf Schulhöfen zwischen hohen Gebäuden, eingebunden in Spielplätze oder Parks stehen die aus Beton und Metall wetterfest installierten Tische. Kaum eine andere Sportart schult Motorik, Reaktionsvermögen, Konzentration und Taktik so gut wie der Sport mit dem kleinen weißen Ball. Mit hoher Geschwindigkeit müssen die Spieler agieren und reagieren. Gerade für Kinder ist Tischtennis eine gute Bewegungsschule. Bevor es in einen passenden Verein geht, von denen es in Heidelberg und Umgebung rund zwei Dutzend gibt, hilft Übung in der Freizeit, um in den Trainingseinheiten der Clubs mitmachen zu können. In den eigenen vier Wänden ist dafür selten genug Platz, also raus auf die Straße.

Einer der schönsten Schulhöfe mit Tischtennisplatten ist der der 1884 bis 1886 erbauten Landhausschule. Neben dem dreigeschossigen Backsteinbau wirken die flachen Tische fast verloren, profitieren aber von dem Windschutz der hohen Mauern und der alten Bäume. Weitere Spielmöglichkeiten zum Klettern, Balancieren oder Ballspielen sind vorhanden, Skateboarden und Fahrrad fahren darf man nicht. Davon profitiert auch die in der Turnhalle der Schule spielende TSG 79 Heidelberg.

Adresse Landhausstraße 20, 69115 Heidelberg-Weststadt, Tel. 06221/602597, www.landhausschule.de | **ÖPNV** Haltestelle Kaiserstraße der Buslinien 29 und 39, von dort gut 300 Meter | **Anfahrt** Parken am Straßenrand | **Öffnungszeiten** täglich, solange es hell ist | **Tipp** Im Café im VHS-Gebäude in der Bergheimer Straße 76 finden sonntags öffentliche politische Diskussionen statt. Zuerst gibt es eine Einführung ins Thema von einem Experten, dann wird debattiert und kultiviert gestritten – erlebenswert.

95 Die Toilette im Hallenbad
Kein Abgang mit Schuhwerk

Griechen und Römer liebten ihre Bäder. Die Badehäuser dienten zur Entspannung und Heilung. Waren sie zuerst der Obrigkeit vorbehalten, wurden die römischen Thermen schon früh auch der Öffentlichkeit zugänglich gemacht. Mit der Aufklärung kam der Wunsch nach Sauberkeit und Hygiene und mit ihm der Bau von Volksbädern. Ab Mitte des 19. Jahrhunderts wurden sogenannte »Volksbäder« gebaut. Zuerst Freibäder, später auch Hallenbäder.

In Heidelberg eröffnete 1906 das erste Hallenbad. Der Zimmermann Alois Veth errichtete das Jugendstilgebäude nach dem Vorbild des Müller'schen Volksbades in München. Frauen und Männer badeten getrennt. Ein Dampfbad, Wannenbäder für die Hygiene der oftmals ohne Bad wohnenden Altstädter, ein elektrisches Lichtbad und sogar ein Hundebad vervollständigten das Angebot. Erst 1967 endete die Geschlechtertrennung, und die mittlerweile als Eigentümer fungierende Stadt baute die Anlage zu einem Familienbad um. Doch es wurde ruhiger um das nicht mehr zeitgemäße Bad. 1981 folgte die Schließung. Erst 2008 konnte das Gebäude verkauft und grundsaniert werden. Eine Markthalle wurde gegründet und 2006 wieder geschlossen. Seit September 2017 ist dort die Ausstellung »Körperwelten« zu sehen.

Das Alte Hallenbad beheimatet heute ein Hotel, eine Salzoase, ein Yoga-Studio, eine Koch- und Grillschule, Veranstaltungsräume, einen Biomarkt, Restaurants und ein Café. Mit der Modernisierung wurden die Wege barrierefrei gestaltet, ein Aufzug und frei zugängliche Toiletten eingebaut. Die modern gestalteten Aborte sind eine Verbeugung vor der Schwimmbad-Historie. Wandsprüche wie »Springen vom Beckenrand ist verboten«, »Vor Benutzung bitte Brausen« oder »Kein Abgang mit Schuhwerk« zaubern ein Schmunzeln auf die Lippen. Und wenn man das Bad zur Bergheimer Straße wieder verlässt, tritt man auf ein Display, das Wellen und Wassergeräusche erzeugt.

Adresse Poststraße 36/5, 69115 Heidelberg-Bergheim, Tel. 06221/87338100, www.alteshallenbad.de | **ÖPNV** Haltestelle Römerstraße der Buslinien 22, 32, 35, M2 und M5, von dort 200 Meter | **Anfahrt** Parkhäuser P1 in der Poststraße und P17 an der Stadtbücherei | **Öffnungszeiten** je nach Veranstaltung und Restaurantzeiten unterschiedlich, Ausstellung »Körperwelten«: Mo–Fr 9–18 Uhr, Sa, So 10–18 Uhr | **Tipp** Immer mehr Kinder können nicht schwimmen, die Anzahl an Ertrunkenen wächst jährlich. Die in Heidelberg lebende ehemalige Weltklasseschwimmerin Franziska van Almsick fordert, allen Kindern Schwimmen beizubringen. Was jeder selbst dafür tun kann, steht auf www.franziska-van-almsick-schwimmkids.de.

96 Die Töpferwerkstatt
Mit den Händen formen und gestalten

Ja, klar gibt es in Heidelberg schönere Orte als die Rottmannstraße 24. Das Haus gehört zur ehemaligen Wohnanlage Atzelhof, die zwischen 1919 und 1928 entstand. Es sieht ein wenig aus wie sozialer Wohnungsbau früherer Tage, aber nun versprühen die Häuser den einfachen Charme einer 100-jährigen Siedlung. Aber genug gelangweilt. Es geht nämlich nicht um das Haus, den Blick darauf oder die Geschichte dazu. Es geht um ihrer und meiner Hände Arbeit. Viele der frühen Beweise für uralte Lebensformen, Behausungen und soziales Miteinander sind Keramikfunde – auch in Heidelberg. Historische Tonfiguren, Geschirr oder Töpfe tauchen immer wieder bei Bauarbeiten auf. Aus Tonerde wurden Gefäße erstellt und im Feuer gehärtet. Heute sprechen wir von einer Töpferei meist im Bereich der Freizeitbeschäftigung. Längst hat die industrielle Produktion von Gebrauchsgegenständen und Tonfiguren das Handwerk ersetzt.

In einem Kinderdorf habe ich bei Schwester Electa auch einmal getöpfert. Als Kinder durften wir Schalen, Stövchen, Figuren oder Becher formen, glasieren und im großen Brennofen zur Vollendung bringen. Eine Beschäftigung, an deren Ende immerhin ein Geschenk für einen selbst oder einen der Liebsten stand. Mit dieser Idee treten auch Angela Kremer-Kemptner und Karin Kremer-Kolik in ihrem »Ceramic Atelier« in Handschuhsheim an. Bei ihnen wird Ton zur Kunstressource und Bestandteil zahlreicher Workshops und Kurse für Kinder und Erwachsene. Jeder ist willkommen in der »Offenen Töpferwerkstatt«, gestaltet unter Anleitung sein Keramikprodukt, bemalt es und nimmt es nach dem Brennen mit nach Hause. Es gibt auch fertige Keramiken, die dann gemeinsam bemalt werden. Eine alte Kunst, die im Atelier, bei Kindergeburtstagen und sogar Junggesellinnenpartys gepflegt wird. In letzterem Fall wird übrigens ein komplettes Geschirrset für das Ehepaar gemeinsam bemalt.

Adresse Rottmannstraße 24, 69121 Heidelberg-Handschuhsheim, Tel. 06221/7785914, www.ceramic-atelier.de | **ÖPNV** Haltestelle Kapellenweg der Straßenbahnlinien 5 und 23, von dort rund 100 Meter | **Anfahrt** Parkplätze am Straßenrand | **Öffnungszeiten** Di, Mi, Fr 14.30–19 Uhr, Sa 12–17 Uhr (am besten vorab reservieren), Mo, Do für Gruppen auf Anfrage | **Tipp** Im Kurpfälzischen Museum gibt es allerlei alte Sachen zu sehen. Dazu zählt der Unterkiefer des Homo erectus Heidelbergensis, dessen Aussehen, Leben und Werkzeuge erläutert und anhand von Fundstücken gezeigt werden.

97 — Der Tretbootverleih
Eine Seefahrt, die ist lustig

Isa Vermehren war eine mutige Frau. Sie weigerte sich mit 15 Jahren, die Hakenkreuzfahne zu grüßen, und wurde daraufhin vom Gymnasium in Lübeck geworfen. Sie zog mit ihrer Mutter nach Berlin, machte dort als Kabarettistin Karriere und stichelte weiter gegen das Naziregime. Mit ihrer Ziehharmonika »Agathe« sang sie Lieder und landete mit ihrer eigenen Interpretation von »Eine Seefahrt, die ist lustig« einen Hit. Auch dabei karikierte sie die politische Führung. Dennoch wurde sie zur Soldatenunterhaltung an die Front bestellt. Das um 1900 entstandene Volkslied blieb ihr Markenzeichen, und ihr verdanken wir die Beliebtheit des Seemannsliedes.

Wenn man mit einem kleinen Boot über einen See schippert, kommt einem auch heute noch dieses Lied in den Sinn. Vielleicht kannten es auch die Simons, als sie 1925 einen Bootsverleih am Neckar eröffneten. Vielleicht wollten sie aber auch einfach nur eine Alternative zu den Ausflugsschiffen bieten, auf denen man nur mit vielen Menschen gemeinsam die Landschaft betrachten kann. Zu zweit in einem Tretboot fahren – früher ein Privileg der Adeligen – passt auch heute noch perfekt zu Heidelberg. Gemächlich gleitet man durch das Wasser zwischen Alter Brücke und Ernst-Walz-Brücke, dem erlaubten Aktionsradius für die heute zehn Tret- und acht Motorboote, die mittlerweile Georg Tsochantaridis im Winter pflegt und repariert und im Sommer verleiht. Vor dem Ablegen gibt es Sicherheitshinweise, die die Wasserschutzpolizei verlangt, und weniger ernst gemeinte Tipps: zum Beispiel wie man so tut, als würde man treten, aber die meiste Arbeit dem Partner überlässt. Oder am besten gleich hinten einsteigen und andere treten lassen. Dann geht es strampelnd an der Altstadtpromenade vorbei flussaufwärts, eine Hand im kühlen Wasser, und kurz darauf schon wieder zurück, jetzt entspannt mit der schwachen Strömung. Spätestens dann ist eine Seefahrt wirklich lustig.

Adresse Uferstraße 3, 69120 Heidelberg-Neuenheim, Tel. 06221/411925, www.bootsverleih-heidelberg.de | **ÖPNV** Haltestelle Bergstraße der Buslinie 34, von dort rund 100 Meter | **Anfahrt** Parkhaus Nordbrückenkopf direkt an der Theodor-Heuss-Brücke | **Öffnungszeiten** 1. April–31. Okt.: Mo–Fr 14–19 Uhr, Wochenende 13–19 Uhr (wenn Wind, Wetter oder Hochwasser nichts dagegen haben) | **Tipp** Vor dem Bootssteg des Tretbootverleihs liegen die Neckarwiesen, auf denen sich Tausende Heidelberger im Sommer treffen, sonnen, picknicken, ein Buch lesen oder Musik hören. Am besten Anschwitzen auf der Wiese, dann ins Boot und nach der Rückkehr ein Eis schlecken.

98 Der Troll
Norddeutsche Liebesgeschichte mit wilden Haaren

Die Geschichte ist märchenhaft: Eine Tontechnikerin und Funkoffizierin trifft einen Nautiker auf einem Sicherheitslehrgang. Die beiden heiraten, bekommen Nachwuchs, und sie macht Mutterschaftsurlaub. Da sie sich langweilt und das Kind im Monatsrhythmus aus der Kleidung wächst, eröffnet sie spontan ein Secondhandgeschäft für Kindermode und findet ihre Passion. 24 Jahre ist das her. Aus Secondhand wird »Firsthand«, und weil der Mann auch immer mehr Freude am Einzelhandel findet, verkaufen sie nicht nur Kleidung, sondern auch Spielzeug für Kinder und Junggebliebene. Die norddeutsche Herkunft von Burkhard Lamcken und seiner Frau Ingrid hilft bei der Namensgebung.

In der nordischen Mythologie nennt man ein menschenartiges Fabelwesen, das manchmal gruselig, oftmals tollpatschig und etwas behäbig daherkommt, einen Troll. Trolle sieht man häufig als eher süße Kinderpuppen, die Phantasie kennt dabei keine Grenzen. So fanden sich Trolle auch in Comics und Kinderfilmen wieder und wurden oft klein und goldig dargestellt. Mit großen Kulleraugen, wilden Haaren und abstehenden Ohren. So muss man sie einfach gernhaben.

Der Kinder- und Spielzeugladen ist seit 2003 am heutigen Standort zu finden und hat dort gleich zwei ehemalige Geschäfte bezogen. In der rechten Hälfte gibt es Kleidung, meistens aus nachhaltiger Produktion, oft in Bio-Qualität, und in der linken Hälfte findet man Spielzeug von heute und früher. Da fühlen sich die Kleinen genauso wohl wie die Großen, die sich ein wenig in die eigene Kindheit zurückversetzt fühlen. Abseits des Plastik- und Elektronik-Marktes stehen im »Troll« klassische Holzspielzeuge und Plüschtiere ganz oben auf der Wunschliste. Und dass man heute eine Person, die im Internet Beiträge veröffentlicht, die andere provozieren, ebenfalls als »Troll« bezeichnet, konnte damals ja noch keiner wissen.

Adresse Plöck 71, 69117 Heidelberg-Altstadt, Tel. 06221/8936677, www.troll-kinderladen.de | **ÖPNV** Haltestelle Friedrich-Ebert-Platz der Buslinien 31 bis 33 und M2 bis M5, von dort rund 100 Meter | **Anfahrt** P7 im Kaufhof, P9 am Theater oder P10 am Friedrich-Ebert-Platz | **Öffnungszeiten** Spielzeugladen: Mo – Fr 10 – 18.30, Sa 10 – 16 Uhr; Kindermoden: Mo – Fr 10 – 18 Uhr, Sa 11 – 16 Uhr | **Tipp** Ein Klassiker in der Heidelberger Einzelhandelswelt ist der Zuckerladen, 250 Meter vom »Troll« entfernt, im Plöck 52. Er lässt sich laut Aussage des Personals nicht beschreiben, sondern nur erleben. Ein Beleg für den Humor der Betreiber: Im Schaufenster steht ein Zahnarztstuhl.

99 Das Völkerkundemuseum
Buddha und die unbekannte Frau

Das Völkerkundemuseum wird unterschätzt, und viel zu wenig Menschen gehen hinein. Fragt sich, warum man dort hinmuss. Das Kultusministerium fragte sich das auch und gab eine Studie in Auftrag. Das Ergebnis: »Die Sammlung der Josefine & Eduard von Portheim-Stiftung ist wertvoll und bedeutend. Mit vielen herausragenden Sammlungsstücken von hoher Qualität aus zahlreichen Ländern besitzt das Museum einen wahren Schatz.« Namentlich genannt werden die Japan-Sammlung mit Druckerzeugnissen und 800 Farbholzschnitten, die gesamte Afrika-Abteilung und eine einzigartige Bootssammlung vor allem aus dem indopazifischen Raum.

Obwohl in der Altstadt angesiedelt, geht auch der Standort abseits der ganz typischen touristischen Pfade etwas unter. Vom Karlsplatz aus läuft man ein Stück in Richtung Karlstor. Auf halber Strecke linker Hand liegt der hinter einem kleinen Hof stehende Bau. Bereits Anfang des 18. Jahrhunderts wurde die Stadtresidenz gebaut und hat eine wechselhafte Geschichte hinter sich. Ihren Namen hat sie von dem vorletzten Besitzer: Prinz Wilhelm von Sachsen-Weimar-Eisenach. Das Palais Weimar erwarb Victor Goldschmidt, um seine Sammlung dort unterzubringen. Einige sagen, dass bis heute noch nicht alle Schätze der Öffentlichkeit gezeigt wurden. Die sichtbaren allein sind aber schon den Besuch wert. Der aus einer reichen jüdischen Familie stammende Goldschmidt war Wissenschaftler, Forscher, Gelehrter und eben Sammler. Seine Kunstwerke und ethnischen Exponate werden immer wieder zu Themenausstellungen neu arrangiert. Ein Förderkreis mit der Sinologin Dr. Sabine Hieronymus kümmert sich um Erhalt und auch Forschung.

Und wem das alles noch zu wenig ist, der sollte den größten Buddha Heidelbergs vor dem Eingang würdigen oder das barocke Palais Weimar mit seiner Gartenanlage bestaunen, in der das Völkerkundemuseum seit 1924 beheimatet ist.

Adresse Hauptstraße 235, 65117 Heidelberg-Altstadt, Tel. 06221/22067, www.voelkerkundemuseum-vpst.de | **ÖPNV** Haltestelle Neckarmünzplatz der Buslinien 33 und 35 und M4, dann hinauf zur Hauptstraße | **Anfahrt** Parkhaus Karlsplatz, von hier 100 Meter | **Öffnungszeiten** Mi–Sa 14–18 Uhr, So und Feiertage 11–18 Uhr | **Tipp** Lust auf gehobene Küche? In der Herrenmühle, dem Nachbarhaus des Museums, ist der Gourmetkoch Joachim Heß zu Hause. Beeinflusst von mediterraner, asiatischer und orientalischer Kulinarik, kombiniert er in der 1712 gebauten Gerberei seine Menüs mit regionalen Produkten (www.herrenmuehle.net).

100 Die Vollkornbäckerei

Und von Jim Knopf und Lukas dem Lokomotivführer

»Früher war alles besser.« So bekannt wie falsch ist der oft zitierte Spruch. Das war auch so, als die Bäckerei Karl Dehoff 1982 geschlossen wurde. 80 Jahre lang hatten die Heidelberger in dem 1900 bis 1902 gebauten Sandsteinhaus ihr Brot und ihren Kuchen frisch aus der Backstube geholt. Jetzt wurde der Laden geschlossen, doch manchmal kommt etwas Gutes nach.

Hansjörg Höfer, heute Bürgermeister von Schriesheim, Thomas Knopf und Frank Müller übernahmen die Backstube der Familie Dehoff und gründeten eine der ersten Vollkornbäckereien Deutschlands. Den Namen fanden sie im Spitznamen von Thomas Knopf, genannt »Jim Knopf«, und in dessen Geschichte von Lukas, dem Lokomotivführer. Dort ist »Frau Mahlzahn« ein magerer Drache mit nur einem Zahn, der Kinder gefangen hält. Jim und Lukas helfen mit, den bösen Drachen in einen goldenen Drachen der Weisheit zu verwandeln. Den Namen des Drachens bekam die »Vollkornbäckerei Mahlzahn«, und auch die Kunden waren versöhnt.

Es gab wieder leckere Backwaren, und die ausschließlich aus Biozutaten. Vollkorngetreide wird in der hauseigenen Mühle gemahlen und der Teig – wie in der »guten alten Zeit« – mit der Hand in Form gebracht. Aus dem Ofen kommen Backwaren im Trend des 21. Jahrhunderts. Achtung, Augen auf, Mund und Nase aufgesperrt: Es duftet nach Dinkel-Amaranth-Brot, Emmerbrot, Hafer-Ganzkorn-Brot, Kartoffelbrot, Roggen-Kümmel-Brot oder Walnussbrot, sogar Knäckebrot und Toastbrot gibt es frisch gebacken. Für den kleinen Hunger Käsebrötchen, Quark-Walnuss-Brötchen, Müslistangen, Nussbaguettes, Olivenfladen oder Schwäbische Seelen. Letztere sind übrigens einem Baguette ähnlich – nur mit schwäbischem Akzent. Und wenn es etwas Süßes sein soll, dann kann man auch Apfel-Zimt-Schnecken, Nougatcroissants, Plunder-Herzen, Quarkstriezel oder Hafer-Kokos-Taler genießen. Und das war nur ein kleiner Ausschnitt aus der Vollkornbäckerei.

Adresse Gaisbergstraße 74, 69115 Heidelberg Weststadt, Tel. 06221/160997, www.mahlzahn.de | **ÖPNV** Haltestelle Alois-Link-Platz der Buslinie 39 | **Anfahrt** Parkplätze am Straßenrand | **Öffnungszeiten** Mo–Fr 8–18.30 Uhr, Sa 8–14 Uhr | **Tipp** Die Bäckerei in der Gaisbergstraße eignet sich ideal als Startpunkt einer Wanderung über den Bergfriedhof, den Gaisbergturm oder Königstuhl und bis zur Haltestelle Altstadt oder – für Ausdauernde – bis Schlierbach. Von dort geht es mit der S-Bahn durch den Tunnel zurück zum Ausgangspunkt.

101 Die Wanderfalken
Auf 38 Metern über den Dächern der Stadt

Die evangelische Heiliggeistkirche liegt zentral in der Altstadt. Hier fand am 18. Oktober 1386 der Eröffnungsgottesdienst im Rahmen der Gründung der Heidelberger Universität statt. Hier stellte Kurfürst Ludwig III. Bücher aus und begründete die Pfälzische »Biblioteca Palatina«, eine der wichtigsten Sammlungen auf dem Weg in die Neuzeit, deren Drucke und Handschriften heute im Vatikan und der hiesigen Universitätsbibliothek liegen. Hier wechselten die Konfessionen zwischen den Anhängern Calvins und Luthers und der katholischen Kirche. Hier gab es einen »Mauerfall«, als nach vielen Jahren der Zweiteilung der Heiliggeistkirche in eine katholische und eine protestantische Hälfte 1936 die evangelische Kirche wieder allein Gottesdienste feiern durfte. Hierhin pilgern täglich Tausende Besucher – und einige von ihnen besteigen den Kirchturm.

Hier oben auf 38 Metern fühlt man sich frei vom Trubel auf dem Markt mit seinen vielen Souvenirlädchen rund um die Heiliggeistkirche, den gut besuchten Restaurants und Cafés und den durcheilenden Passanten auf dem Weg zum Einkaufen oder zur nächsten Sehenswürdigkeit. Aus dem Blickwinkel eines Vogels entdecken die Augen jahrhundertealte Schieferziegel auf den Dächern, erkennen einzelne Gebäude und den Fluss. Die Alte Brücke und das Schloss fallen auf, aber auch winzige Details summieren sich zu einem pittoresken Gesamtbild. Mit ein wenig Glück kommt einer der Wanderfalken geflogen, denen der Wanderfalkenschutzverein hier oben einen Nistkasten eingerichtet hat. Über 40 Jungvögel starteten hier in ihr luftiges Leben. Ein Pärchen hat im Turm sein dauerhaftes Zuhause eingerichtet und ist sogar im Internet über eine Webcam zu bestaunen. Dann sieht man, wie die beiden balzen, brüten und ihre Jungen aufziehen. Eine wunderbare Idee, die der Naturschutzbund NABU mit der Plakette »Lebensraum Kirchturm« ausgezeichnet hat.

Adresse Hauptstraße 189/Markt, 69117 Heidelberg-Altstadt | **ÖPNV** Haltestelle Alte Brücke der Buslinien 35, M4 und M5, von dort rund 200 Meter durch die Steingasse zum Markt | **Anfahrt** Parkhaus Kornmarkt, von hier rund 250 Meter | **Öffnungszeiten** Mo–Sa 11–17 Uhr, So 12.30–17 Uhr (nach den Gottesdiensten), im Winter Öffnungszeiten je nach Witterung verkürzt | **Tipp** Origineller Name, coole Bar: Neben der Kirche im ZKB (Zimmer, Küche, Bar) treffen sich Studenten, Touristen und alle, die die gemütlich-moderne Atmosphäre mögen, zum Feiern mit diversen Ginsorten und der vielleicht größten Flammkuchen-Auswahl der Stadt.

102 — Das Wandkreuz der Arche
Die Mitte der Spiritualität

Pfarrer Albrecht Herrmann von der evangelischen Bonhoeffer-Gemeinde in Kirchheim ist begeistert. Seit Juli 2017 erfreut er sich an seinem Altarbereich in der Arche-Kirche. Die Neugestaltung verdankt er einem Zufall. Die heute in Nierstein lebende und arbeitende Künstlerin Maria Theresia von Fürstenberg war mit ihrem Onkel, dem damaligen Abt des Stifts Neuburg, 2014 in der Heidelberger Kirche zu Gast. Er predigte, sie zeichnete Skizzen, weil sie das immer macht, wenn ihr eine Idee kommt. Der Pfarrer war neugierig, und nach einigen Gesprächen im Ältestenkreis und einem finalen Urteil des Architekten Johannes Gerstner war man sich einig: Die Expertin für Ikonografie mit dem Gespür für die Gestaltung von sakralen Räumen hatte einen Auftrag für ein Bild in der Tasche.

Das dreigeteilte Werk, eingefasst in ein Holzgestell, hängt nun hinter und über dem Altar, betont durch seine einnehmende Gestaltung in goldenen Farben und Holzoptiken das ansonsten eher schlichte Gotteshaus. Es ist schnell zur Mitte des Glaubens, der Gebete und der Gottesdienste in Kirchheim geworden. Die feierliche Einweihung steht bei Entstehung dieses Textes noch bevor, am 22. November 2017, dem Buß- und Bettag, soll es geschehen. Für viele ist die Institution Kirche mit ihrer dogmatischen Politik und ihren teilweise befremdlich wirkenden Protagonisten in weite Ferne gerückt. In Kirchheim ist die spirituelle Kraft aber spürbar. Ganz gleich, ob man das Kreuz im Rahmen einer kirchlichen Veranstaltung sieht oder als Kunstwerk mit einer modernen Strahlkraft, die anzieht. Eine Kraft, die man auch in der Klosterkirche von Stift Neuburg besichtigen kann. Dort hat Maria Theresia von Fürstenberg die Kirche mitgestaltet und vor allem die Fenster mit lebensbejahenden Malereien und Farben zu einem modernen, spirituellen Blickfang in Heidelberg gemacht. Hingehen, wirken lassen und meditieren.

Adresse Glatzer Straße 31, 69124 Heidelberg-Kirchheim | **ÖPNV** Haltestelle Königsberger Straße der Buslinien 33 und M3, von dort rund 200 Meter | **Anfahrt** Stellplätze in der Glatzer und Oppelner Straße | **Öffnungszeiten** während der Gottesdienste am 1., 3. und 5. Sonntag eines Monats um 10 Uhr, beim Morgengebet Mo–Fr von 7.45 Uhr bis 8.45 Uhr und bei Gemeindefeiern, auf Anfrage auch über das benachbarte Pfarrbüro | **Tipp** Wenn Sie ohnehin schon in Kirchheim sind, dann gehen Sie auch zur katholischen Petruskirche und genießen Sie die imposante Basilika mit Glockenturm und das Pfarrhaus nebenan. Umgeben ist sie vom historischen Kern des über 1.250 Jahre alten Stadtteils.

103 Der Waschsalon
Musik und Unterhaltung beim Schleudergang

»Ich jonn so unwahrscheinlich jähn met dir en de Waschsalon, weil do häss Ahnung vun dä Technik, vun der ich nix verstonn.« Als die Kölner Kultband BAP 1981 das Liebeslied rund um den Waschsalon schrieb, gab es sie noch: die Waschsalons mit jemandem, der »Ahnung von der Technik« hatte.

Fast alle Studenten gingen während ihrer Studienzeit regelmäßig dorthin, ließen sich erklären, wie das geht mit der hellen und dunklen Wäsche, den Temperaturen und was man in den Trockner nebenan werfen darf und was besser nicht. Es folgten Waschsalons, in denen man gegen Einwurf von ein paar Euro seine Wäsche rund um die Uhr in eine beliebige Maschine stopfen, waschen, schleudern und trocknen konnte.

Eine Filiale solch einer Kette gab es auch in Heidelberg. Viele andere Waschsalons hatten mittlerweile geschlossen, weil Wasch-Discounter günstiger waren oder man immer billiger eine eigene Waschmaschine erwerben konnte. In Heidelberg, dachte sich Monika Colley, könne diese Entwicklung auch in eine andere Richtung laufen. Ohne Beratung und Unterstützung kommt aus der Maschine manchmal die weiße Wäsche rosa heraus, wenn versehentlich eine rote Socke mitgewaschen wurde. Sie entschloss sich, einen eigenen Waschsalon zu eröffnen. Einen mit Beratung. Mit guten Maschinen. Mit Musik. Und mit Kaffee oder Tee. Und wer keine Zeit hat, kann die Wäsche einfach abgeben und am nächsten Tag holen. In einem Anbau hinter dem Crown Plaza Hotel fand sie einen Laden, in dem sie ihren Traum umsetzte. Aus den Lautsprechern untermalen Lieder das monotone Summen der neun Waschmaschinen und vier Trockner. Sie hilft Studenten, Hotelgästen und Alleinlebenden, teilt die Maschinen zu und stellt in einem kleinen Bücherregal ein paar Bücher für die Wartezeit zur Verfügung. Ihre »Waschtrommel« ist heute der einzige Waschsalon in Heidelberg, denn die Filialkette ist inzwischen längst Geschichte.

Adresse Rohrbacher Straße 10/1, 69115 Heidelberg-Weststadt, Tel. 06221/485775, www.waschtrommel.com | **ÖPNV** Haltestelle Seegarten der Bus- und Straßenbahnlinien 5, 21, 23, 26, 33, 34 und M 3 | **Anfahrt** Parkgarage im Hotel Crown Plaza | **Öffnungszeiten** Mo – Mi 9 – 21 Uhr, Do – Sa 9 – 20 Uhr | **Tipp** Beeindruckende Wasserfontänen sprudeln aus dem Brunnen am Adenauerplatz. Der von Rainer Scheithauer geschaffene Blickfang macht den ansonsten eher tristen Platz zu einem Ort, den man gesehen haben muss.

104__Der Wasserfall
Allein im grünen Idyll

Wasserfälle haben schon immer eine besondere Faszination auf uns Menschen ausgeübt. Rauschende Wassermassen stürzen nach unten. Den Rheinfall bei Schaffhausen besuchen jedes Jahr Hunderttausende. Die Niagarafälle sind weltberühmt. In Heidelberg gibt es einen kleinen Wasserfall. Dort ist man ungestört, verweilt einen Moment an einem eisernen Geländer, schaut in den winzigen Teich, den der Klingenteichbach, auch Klingengraben genannt, speist, und blickt zu den kleinen Wasserbächen, die sich über die von Hand gemachten Steinformationen nach unten bewegen. Ein schmaler Weg führt parallel nach oben, zuerst bis zum Beginn des Falls, dann weiter bis zu einer höher liegenden Stelle der Straße, die zur Molkenkur, zum Schloss oder zum Königstuhl führt.

Um zum Wasserfall zu gelangen, sollte man das Auto am besten in der Garage lassen. Man läuft von der Friedrich-Ebert-Anlage die Klingenteichstraße bis zur Hausnummer 26, danach geht es rechts hinauf. Nach wenigen Schritten steht man bereits auf der Plattform der 2009 gebauten »Grünanlage Klingenteich«. Das Landschafts- und Forstamt hatte sich dafür eingesetzt und nach Plänen des Landschaftsarchitekten Helmut Borst ein grünes Idyll geschaffen. Sandsteinstufen helfen nun beim Aufstieg, das Geländer daneben ist runderneuert. Ein paar Sitzmöglichkeiten gibt es auch. Von dort schaut man unter alten Bäumen sitzend auf blühende Azaleen, Stauden und Rhododendren. Am oberen Ende des Wasserfalls ist die Sicht auf die Altstadt teilweise frei. Den Wasserfall gibt es schon seit über 100 Jahren, und nun ist er ein Geheimtipp, den man gesehen haben muss. Durch die dichten Bäume und das sprudelnde Wasser ist das Klima übrigens auch im Hochsommer angenehm. Ein perfekter Ort für die Hitzepause am Mittag oder eine Gelegenheit, den Scharen der Touristen für einen ruhigen, entspannten Augenblick zu entfliehen. Dann übt auch der Heidelberger Wasserfall seine Faszination aus.

Adresse Klingenteichstraße 26/1, 69117 Heidelberg-Altstadt | **ÖPNV** Haltestelle Peterskirche der Buslinien 30 bis 33, M 2 und M 5, von dort direkt in die Klingenteichstraße, nach rund 450 Metern Wasserfall rechts im Wald | **Anfahrt** Parkhaus am Theater, von hier rund 550 Meter | **Tipp** Vom oberen Teil der Klingenteichstraße geht es zu Fuß über den Johannes-Hoops-Weg auf den schönen Hutzelwaldpfad. Der führt zur Sprunghöhe und zu den Mammutbäumen (siehe Ort 56).

105 Des Wassermeisters Haus
Leben mit und am Wasserturm

Michael Berger ist alteingesessener Edinger. Er liebt seine Frau Karola und seinen Hund Anni, schwärmt vom FC Bayern München und engagiert sich bei der Freiwilligen Feuerwehr. Für seine Verdienste erhielt er das Ehrenkreuz in Silber des Deutschen Feuerwehrverbandes. Beruflich ist er Wassermeister seiner Heimatgemeinde und lebt in der dazugehörigen Dienstwohnung. Ein Freund nennt das Ehepaar »Turmfee und Turmwächter« und spielt damit auf den Wohnsitz der Bergers an. Es ist das Wärterwohnhaus unter einem Walmdach direkt vor dem großen Wasserturm.

Der wie ein überdimensionierter Sektkorken auf freiem Feld 42 Meter in die Höhe ragende Hauptturm wurde 1908 gebaut und fasste während seiner aktiven Zeit 450 Kubikmeter Wasser. Zwei Brunnen wurden dafür 24 Meter in die Tiefe gebohrt. Bis 1970 versorgte das frische Turmwasser die Haushalte in Edingen, Friedrichsfeld und Wieblingen, dann wurde er stillgelegt, heute steht er unter Denkmalschutz. Einmal im Quartal schaut Michael Berger nach dem Rechten, einmal im Jahr kommt ein Statiker und prüft den Bau, das Ziegelmauerwerk und den Wasserbehälter aus Stahlbeton.

Der Edinger Wasserturm ist einer der größten Hochbehälter aus Stahlbeton in Deutschland. Das Wohnhaus nebenan wurde im gleichen Stil gebaut. Ein kleiner Turm ist dort »angedockt«, doch auch dieser Wasserbehälter ist mittlerweile ohne Funktion. Rund 200 Meter von der Durchgangsstraße entfernt, ist der Wasserturm schon von Weitem gut erkennbar. Das Wärterhäuschen dagegen nicht – und so leben die Bergers in stiller, einsamer Idylle. Wenn nicht gerade ein Jogger oder Fahrradfahrer auf dem Ergelweg durch die flache Landschaft vorbeikommt. Und wenn nicht jemand fragt, ob der Wasserturm zu Heidelberg gehöre, da er ja auf Heidelberger Grund stünde. Dann wird Michael Berger wieder zum stolzen Edinger und betont, dass dies der Edinger Wasserturm sei und sonst nichts.

Adresse Ergelweg 1, 69123 Heidelberg-Wieblingen, Tel. 06203/81217 | **ÖPNV** Haltestelle Bahnhof Edingen der Bus- und Straßenbahnlinien 5, 9 und 42, von dort rund 500 Meter über den parallel zu den Gleisen in Richtung Heidelberg verlaufenden Feldweg bis zum unbeschrankten Bahnübergang, über die Gleise und weitere 100 Meter bis zum Turm | **Anfahrt** aus Wieblingen über die Mannheimer Straße in Richtung Edingen, vor den ersten Häusern auf der rechten Seite links abbiegen | **Öffnungszeiten** von außen durchgehend, keine Turmbesichtigungen | **Tipp** In Edingen-Neckarhausen verbindet eine von Stahlseilen gezogene Fähre die Gemeinde mit Ladenburg. Die bereits 1483 erstmals erwähnte Fährverbindung ist ein wenige Minuten dauerndes Entschleunigungsprogramm.

106_ Das Weinloch
Zwischen Kult und trüben Augen

Wer in der Kneipen-Szene seit 1949 nichts von seinem Charme eingebüßt hat, der hat Treue verdient. Über wen ein Buch geschrieben wurde, der hat es weit gebracht. Wer dazu noch ein Lied sein Eigen nennen darf, der ist wohl eine Institution. Fangen wir mit dem Lied an: »… du triffsch se all do an de Bar. Die Aage trieb, beseelt vom Woi, des muss en Woilochgänger soi.« Dazu zählen Altstädter, Geschäftsleute, Akademiker, Rentner, Studenten und staunende Touristen – ein Spiegelbild der Heidelberger Gesellschaft. Man kommt nicht zum Essen – bis auf das legendäre Käsebrot. Man kommt, um Pfälzer Weine zu trinken, am liebsten einen Riesling oder Müller-Thurgau vom Fass, auch mal einen Schnaps, und man kommt, um Leute zu treffen. Entweder die, die man schon immer hier trifft, oder neue. Das ist einfach und unkompliziert, denn die Stammgäste sind offen und nehmen einen Neuling sofort in ihrer Mitte auf – solange er nicht »ä zwetes Käsbrot will«, denn dann wird er »uff die Gass verbannt«.

Mir ging das so nach einem Treffen mit einem neuen Heidelberger Freund. Ich traf ihn in seinem Laden, und ein paar Stunden später wurde das Kennenlernen mit einem Besuch in seinem Stammlokal, dem Weinloch, veredelt. Da begegnete ich Wolfgang, Carl Alois, Nicole und wechselnden Gästen an unserem Tisch. Einer wie der andere mit mehreren Geschichten auf Lager. Es wurde gedrückt und geherzt, und als ich der Meinung war, es wäre Zeit zu gehen, servierte der Wirt die nächste Runde: »Jetzt noch nicht.«

Man muss sich hier wohlfühlen, es geht gar nicht anders. Die Bedienungen wechseln, leben aber alle einen Stil: sympathisch und direkt. Die Einrichtung ist schlicht: zeitlose Holztische, bemalte Wände zwischen Kunst und Klospruch. Und eigentlich sagt der Spruch über dem Tresen alles über das Weinloch aus: »Wir haben kein WLAN. Redet miteinander. Tut so, als wäre 1949.« Einfach Kult.

Adresse Untere Straße 19, 69117 Heidelberg-Altstadt, Tel. 06221/25093 | **ÖPNV** Haltestelle Alte Brücke der Buslinien 35, M 4 und M 5 | **Anfahrt** Tiefgarage am Universitätsplatz, von dort rund 250 Meter, ansonsten am Neckarufer | **Öffnungszeiten** Mo – Mi 12 – 1 Uhr, Do 12 – 2 Uhr, Fr, Sa 12 – 4 Uhr, So 17 – 23 Uhr | **Tipp** Vier Häuser weiter öffnet die »Sonder Bar« täglich von 14 bis 2 Uhr. Beim – so sagt man – besten Jurastudenten, den die Heidelberger Uni je gesehen hat, wird »betreut« getrunken. Michel Markert, der grau- und langhaarige 1968er mit Zopf, ist Kult, seine Kneipe ebenso.

107 Die Weinstube Jägerlust

Hausgemachtes »Weltklasse-Weingut«

Die Bergstraße ist das kleinste Weinanbaugebiet Deutschlands. Auf der geringen Fläche mit vielen unterschiedlichen Böden wächst eine breite Rebsortenvielfalt. Den Trauben kommt das milde Klima zugute. Während man anderswo noch friert, blühen hier die Mandeln schon ab Weihnachten. Schon vor 2.000 Jahren entdeckten die Römer diesen Vorzug an der später »Strata Montana« genannten Straße und pflanzten erste Reben.

Wenn man von der Bergstraße spricht, ist oft nur der hessische Teil gemeint. Die Heidelberger Winzer werden seit 1971 dem Anbaugebiet Baden zugeordnet. Zehn Prozent der 441,5 Hektar großen Bergstraßen-Rebfläche liegen an der badischen Bergstraße, und davon bewirtschaftet das Weingut Seeger rund zehn Hektar. Dennoch spiegelt sich auch in dem Familienweingut die Vielfalt der Rebsorten mit Grau-, Weiß- und Spätburgunder, Sauvignon Blanc, Lemberger, Chardonnay, Auxerrois, Riesling und Schwarzriesling wider. Seit über 350 Jahren produziert die Familie Wein, seit 1985 mit steigendem Erfolg. Der heutige Kellermeister Thomas Seeger studierte Önologie an der renommierten Hochschule in Geisenheim. Er verzichtet auf alles, was der Traube schaden könnte. Die beiden Weinlagen »Heidelberger Herrenberg« und »Leimener Herrenberg« bewirtschaftet er rein ökologisch und vermeidet auch im Keller jeglichen Stress. »Wein muss schmecken«, lautet seine simple Philosophie, »das braucht Zeit und Geduld.«

Die Weinbibeln »Gault Millau« und »Eichelmann« loben das Ergebnis, Letzterer adelte den Hof 2017 sogar zum »Weltklasse-Weingut«. Ein paar von den rund 60.000 Flaschen, die jedes Jahr abgefüllt werden, kann man in der über 100 Jahre alten Weinstube »Jägerlust« verkosten. Dazu gibt es im gemütlichen holzvertäfelten Gutsausschank hausgemachte Krautwickel, Sauerbraten, Spätzle, Maultaschen, Frikadellen und Bratkartoffeln der Winzersfrau Barbara Seeger und ihrer Mutter Ingrid.

Adresse Rohrbacher Straße 101, 69181 Leimen, Weingut: Tel. 06224/72178, Weinstube: Tel. 06224/77207, www.seegerweingut.de | **ÖPNV** Haltestelle Zementwerk der Straßenbahnlinie 23, von dort keine 100 Meter | **Anfahrt** aus Bergheim auf der Römerstraße immer geradeaus bis zum Weingut, Parkplätze im Weingut | **Öffnungszeiten** Weingut und Vinothek: Do, Fr 15–18 Uhr, Sa 10–14 Uhr, Weinstube Jägerlust: Di–Fr ab 18 Uhr | **Tipp** Einen guten Kilometer entfernt im Industriegebiet zwischen Leimen und Kirchheim liegt Fischer's Lagerhaus. Dort gibt es exotische Waren und Wohnkultur aus fernen Ländern wie Marokko, Thailand, Indonesien, China, Nepal, Vietnam oder Indien.

108 Die Wiesen des Stadions
Schönes Land für Hasen und Spaziergänger

Hans-Peter Wild ist ein erfolgreicher Mann. Er hat Capri-Sonne in die Welt getragen. Nun ist er im Rentenalter und kümmert sich um seine Familie und seinen Lieblingssport Rugby. Um den deutschen Spielern eine bessere Zukunft zu bescheren, hat er die »Wild Rugby Academy« gegründet. Dietmar Hopp hat eine ähnliche Bilderbuchkarriere vorzuweisen. Er ist ein gutes Jahr älter als Wild, engagiert sich in der Region nicht weniger und liebt den Fußball. Viele Vereine profitieren von seiner Unterstützung, am bekanntesten ist die TSG 1899 Hoffenheim.

Die beiden erfolgreichsten Männer Heidelbergs kennen sich schon lange, spielten gemeinsam Golf und tauschten sich sicherlich nicht nur über ihre sportlichen Interessen aus. Mitte der 2000er Jahre bekam diese Verbindung einen Dämpfer. Hopp wollte in Heidelberg ein Stadion bauen, gegenüber den Wild-Werken. Da lagen ein paar Äcker, für die Wild schon mehrfach eine Baugenehmigung angefragt hatte, um seine Firma auszubauen. Die Stadt Heidelberg lehnte jedes Mal ab, Hopp bekam jedoch an gleicher Stelle grünes Licht für seine Pläne. Wild ärgerte sich, wehrte sich gegen die alternative Bau-Idee, bekam seinen Willen, und Hopp zog weiter. Nach Sinsheim, wo heute das »Heidelberger Stadion« steht und Hoffenheim im Konzert der besten Clubs des Landes mitmischt.

Gut zehn Jahre später sind die beiden Männer längst wieder versöhnt. Die Wiesen und Äcker liegen teilweise brach, denn auch Wild hat letztendlich nicht auf dieser grünen Wiese gebaut, sondern auf »seiner« Eppelheimer Seite erweitert. Für viele Heidelberger eine verpasste Chance, der sie ein wenig wehmütig hinterhertrauern. Für Jogger, Spaziergänger, Radfahrer und die Bauern, die die Felder bestellen, ist das ein Gewinn. Die Stadtranderholung hat hier mit langen Wegen und weiten grünen Feldern und Wiesen zwischen Stadt und Autobahn eine der größten Grünflächen behalten.

Adresse Pleikartsförster Hof, 69124 Heidelberg-Kirchheim | **ÖPNV** Haltestelle Gregor-Mendel-Realschule der Buslinie 33, von dort rund 1,5 Kilometer | **Anfahrt** vor den Tennisplätzen (Oftersheimer Weg 20) oder am Wegesrand parken, dann weiter Richtung Autobahn beziehungsweise Wild-Werk‹ | **Tipp** Überraschenderweise gibt es im Weiler »Pleikartsförster Hof« am Rande der »Stadionwiesen« eines der besten Restaurants Heidelbergs. Ländliche Idylle prägt Restaurant und Biergarten (www.pleikartsfoersterhof-heidelberg.de).

109 Der Wolfsbrunnen
Romantik pur

Auf der Suche nach den »Hotspots« der Stadt der Romantik kommt man nicht an der Schlossanlage mit ihrem herrlichen Park vorbei. Dort tummeln sich Millionen Touristen, Gästeführer vermitteln Geschichten und Fakten, Handys und Kameras klicken im Dauermodus. Für einen romantischen Augenblick bleibt kaum Zeit. Am Schloss vorbei verbindet der Schloss-Wolfsbrunnenweg Ersteres mit Zweitem. Die Straße an Villen und Parkanlagen vorbei ist zu lang für die Mehrheit der Gäste. Dabei müssten sie nur Louis Clairant folgen, um ihr Glück zu finden. Der traf sich – dem Roman »Clara du Plessis und Clairant« von August Heinrich Julius Lafontaines nach – mit seiner Geliebten an den zwischen Bäumen versteckten Teichen, in denen sich der Gasthof heute noch spiegelt. Ein Magnet auch für historische Persönlichkeiten von Kaiserin Sissi über Zar Alexander von Russland bis zu Goethe, Mark Twain oder Carl Zuckmayer. Unsere beiden Romanhelden verliebten sich und heirateten schließlich.

Lange vor dieser Zeit errichtete Kurfürst Friedrich II. 1550 hier ein Jagd- und Lusthaus. Später wurden terrassenförmige Forellenteiche angelegt. Der Brunnen, der seinen Namen der von Wölfen zerrissenen Wahrsagerin Jetta verdanken soll, wurde gegen Ende des 18. Jahrhunderts ein beliebtes Ziel der Dichter. Wie Clara fütterte dort auch Eichendorff die Forellen und bescheinigte dem Ort »eine magische dunkle Stille«. Die Forellenzucht wurde aufgegeben, der einst als wichtige Trinkwasserquelle genutzte Brunnen verwilderte. Erst in den 1980er Jahren erinnerte man sich an die etwas abseits gelegene Oase, gestaltete die Teichanlage mit Wasserläufen und Holzstegen neu. Von 2010 bis 2016 wurde die Wolfsbrunnen-Anlage von einer gemeinnützigen Initiative restauriert. Kultur und Gastronomie sind zurück. Und wenn Clara und Clairant noch einmal heiraten möchten, finden sie wohl kaum einen romantischeren Ort.

Adresse Wolfsbrunnensteige 15, 69118 Heidelberg-Schlierbach, Tel. 06221/373792 und 06221/4343777, www.wolfsbrunnen.jimdo.com | **ÖPNV** Haltestelle Jägerhaus der Buslinien 33 und 35, von dort rund 600 Meter bergauf | **Anfahrt** wenige Parkplätze oberhalb der Einfahrt an der Straße | **Öffnungszeiten** Restaurant: Mi–Sa ab 15 Uhr, So ab 12 Uhr; Wolfsbrunnen-Anlage: durchgehend | **Tipp** Auf dem Weg zum Brunnen bietet das Technikhistorische Carl-Bosch-Museum Einblicke in das Leben und Wirken des Heidelberger Nobelpreisträgers (www.carl-bosch-museum.de).

110 Der Wolfshöhlenweg
Ausgangspunkt und Schlussakkord für Jurastudenten

»Mens sana in corpore sano«: In einem gesunden Körper wohnt ein gesunder Geist. Dem römischen Dichter Juvenal wird dieses Zitat zugeordnet. Vor über 2.000 Jahren ausgesprochen und bis heute überliefert, trifft es den Zeitgeist auch im 21. Jahrhundert. Studenten lernen und forschen in der ältesten deutschen Universität. Und damit das gelingt, sieht man sie in Scharen in der Stadt beim Joggen oder Radfahren ihren Körper trainieren. Viele Jurastudenten tun das auf einem besonderen Weg und vielleicht auf die anstrengendste Art und Weise. Am altehrwürdigen juristischen Seminar beginnt der Wolfshöhlenweg. Vielleicht einer der interessantesten – wenn auch nur ein paar hundert Meter langen – Pfade, weil er Ausgangspunkt für viele schöne Wandertouren ist.

Gleich hinter dem Juristenbau am Rande der bebauten Altstadt trifft man rechter Hand auf die Villa Manesse, vielleicht die schönste Villa in Heidelberg. Sie thront mit ihrem vorgesetzten Pavillon über der Einfahrt zum Gaisbergtunnel und bietet seit Kurzem den Jurastudenten die Möglichkeit, sich an 50 Einzelarbeitsplätzen unter besten Bedingungen auf das Staatsexamen vorzubereiten. »Villa HeidelPräp« hat man das 1852 erbaute Gebäude, unter dem früher sogar der Orient-Express durchrauschte, intern nach dem neuen Zweck umgetauft.

In Lernpausen spazieren, wandern oder joggen die Studenten den Wolfshöhlenweg hinauf. Mühsam, aber selbst bei kurzen Laufzeiten intensiv. In Serpentinen geht es stetig bergauf bis zu den »Sieben Linden«. Von hier sind die Wege zum Gaisbergturm, zum Königstuhl oder zur Molkenkur ausgewiesen. Der gut zwei Kilometer lange Wolfshöhlenweg ist übrigens auch Teil des zwölf Kilometer langen Historischen Pfades, der 1957 angelegt wurde und auf vielen Hinweisschildern Geschichte erzählt. Hier lernt man etwas über Tilly'sche Batteriestellungen, Burgschanzen und das »Affennest«.

Adresse Wolfshöhlenweg, 69117 Heidelberg-Altstadt | **ÖPNV** Haltestelle Seegarten der Bus- und Straßenbahnlinien 5, 21, 23, 26, 33, 34 und M3, von dort 350 Meter | **Anfahrt** Parkhaus Darmstädter Hof, von hier rund 250 Meter | **Tipp** 250 Meter weiter auf der Friedrich-Ebert-Anlage zweigt der Riesensteinweg in Richtung Gaisberg ab. Nach rund einem Kilometer kommt man – wie der Name es schon verrät – zum Riesenstein mit einer schönen Aussicht auf die Altstadt und Herausforderungen für Freeclimber.

111 Das Zupfgeigenhansl-Haus

Ein Hoch auf das Volkslied

Wer kennt ihn nicht, den Zupfgeigenhansl? Die Gitarre, liebevoll Zupfgeige genannt, war den Wandervögeln Anfang des 20. Jahrhunderts das liebste Instrument. Hans Breuer war einer von ihnen und einer der Vorreiter. Der Arzt gründete 1907 in Heidelberg die »Pachantey«, die sich die Pflege und Anwendung des Volksliedes und des Volkstanzes auf die Fahnen schrieb. Er leitete den Bundesverband der Wandervögel und begann, Lieder zu sammeln. Er fürchtete den Niedergang des Volksliedes und brachte zu dessen Rettung 1908 das Liederbuch »Zupfgeigenhansl« heraus. Dort erläutert er, wie es bei Wanderfahrten zugeht: »Die ersten Tage sind erfüllt von Singsang und Musispiel, der bringt den ›neuesten Schlager‹ mit, der gibt ein neues ›Larida‹ zum Besten … Bald aber sind die flachen Weisen abgesungen … endlich versagt auch der ›Stumpfsinn‹, und ohne Sang und Klang trottelt man durch die Lande … Wir aber sagen: die Güte des Liedes erprobt sich an seiner Dauerhaftigkeit.«

Dann machen wir mal die Probe aufs Exempel und prüfen, welche Volkslieder aus seiner reichen Sammlung wir noch kennen: »Ein Vogel wollte Hochzeit machen«, »Ein Jäger aus Kurpfalz«, »Es wollt ein Mägdlein tanzen gehen«, »Lustig ins Matrosenleben«, »Vom Himmel hoch«, »Schlaf, mein Kindlein« oder »Still, still, still«. Aus den aktuellen Charts kennen wir diese Lieder nicht, aber haben wir dies nicht alle im Zeltlager, in der Kolpingfamilie, auf der Jugendfreizeit oder vielleicht auch beim Wandern hier und da mal gehört oder gesungen? Über 100 Jahre nach der Veröffentlichung des »Zupfgeigenhansl« sind die Lieder noch bekannt. In der kurvenreichen Klingenteichstraße steht das Haus, in dem Hans Breuer als Student seine Leidenschaft entdeckte. Eine Gedenktafel erinnert daran. Und wenn Sie nun Sangeslust bekommen haben, halten Sie es bitte mit Hans Breuer: »Auf der Landstraße selbstverständlich und unter dem Stadttor fortissimo.«

Adresse Klingenteichstraße 27, 69117 Heidelberg-Altstadt | **ÖPNV** Haltestelle Molkenkur der Buslinie 30, von dort 400 Meter bergab | **Anfahrt** Parkplätze rund um das Schlosshotel Molkenkur | **Öffnungszeiten** nur von außen zu besichtigen | **Tipp** Am Anfang der Klingenteichstraße (Nummer 6) findet man im ehemaligen romantisch-klassizistischen Wohnhaus des Kunstmalers Georg Philipp Schmitt einen Lieblingsitaliener der Altstädter. Das Restaurant befindet sich unter zwei Tonnengewölben, oder man isst an den Tischen am Straßenrand (www.piccolomondo-heidelberg.de).

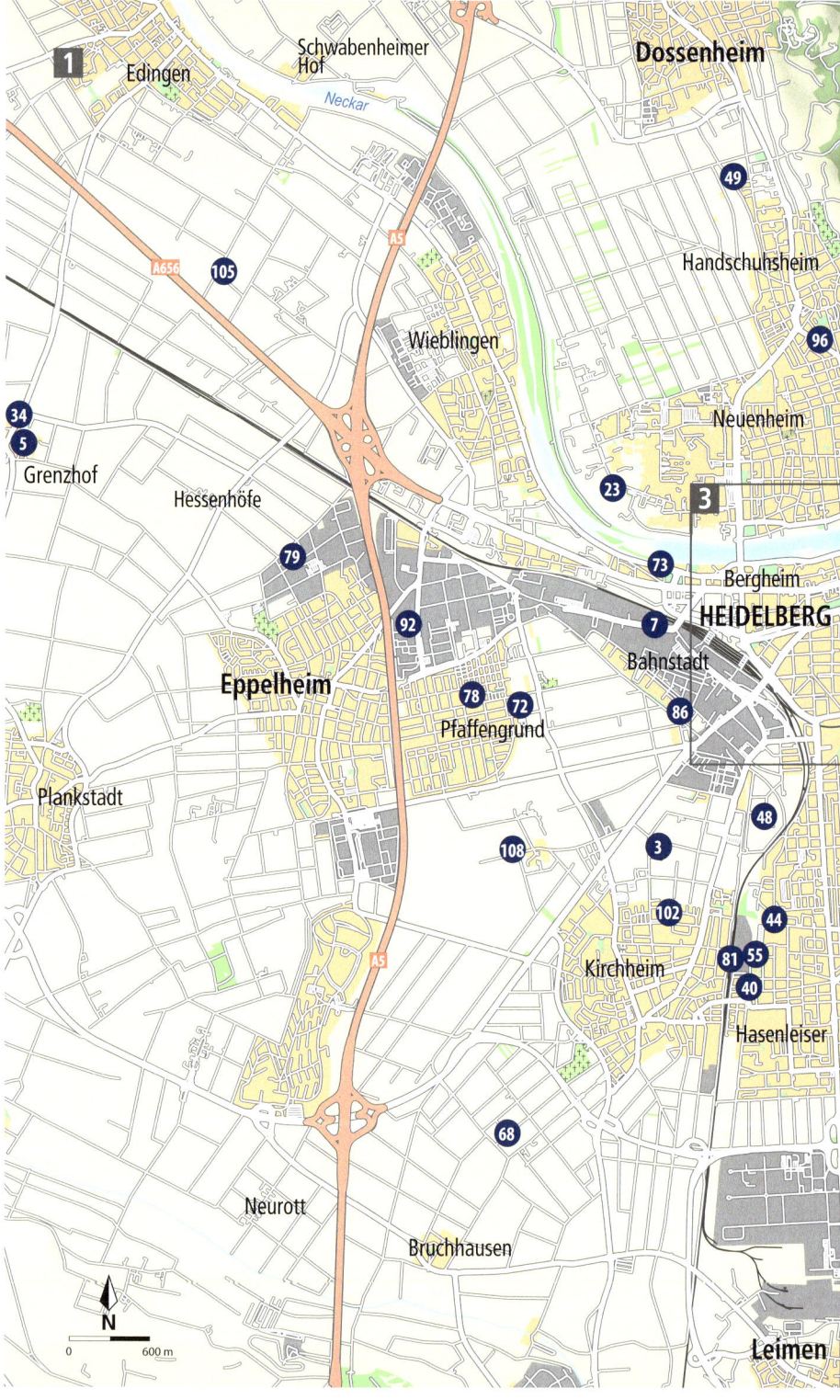

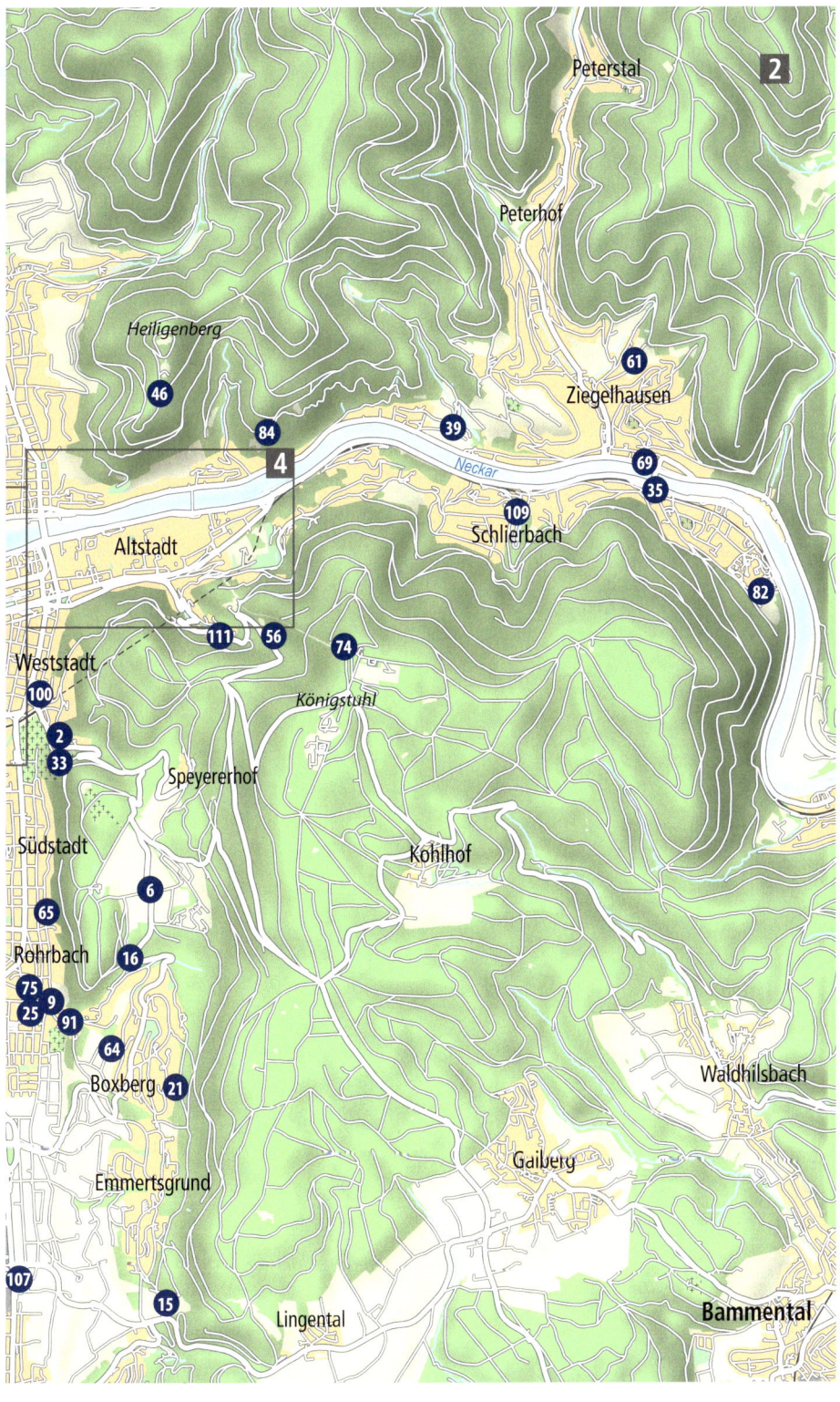

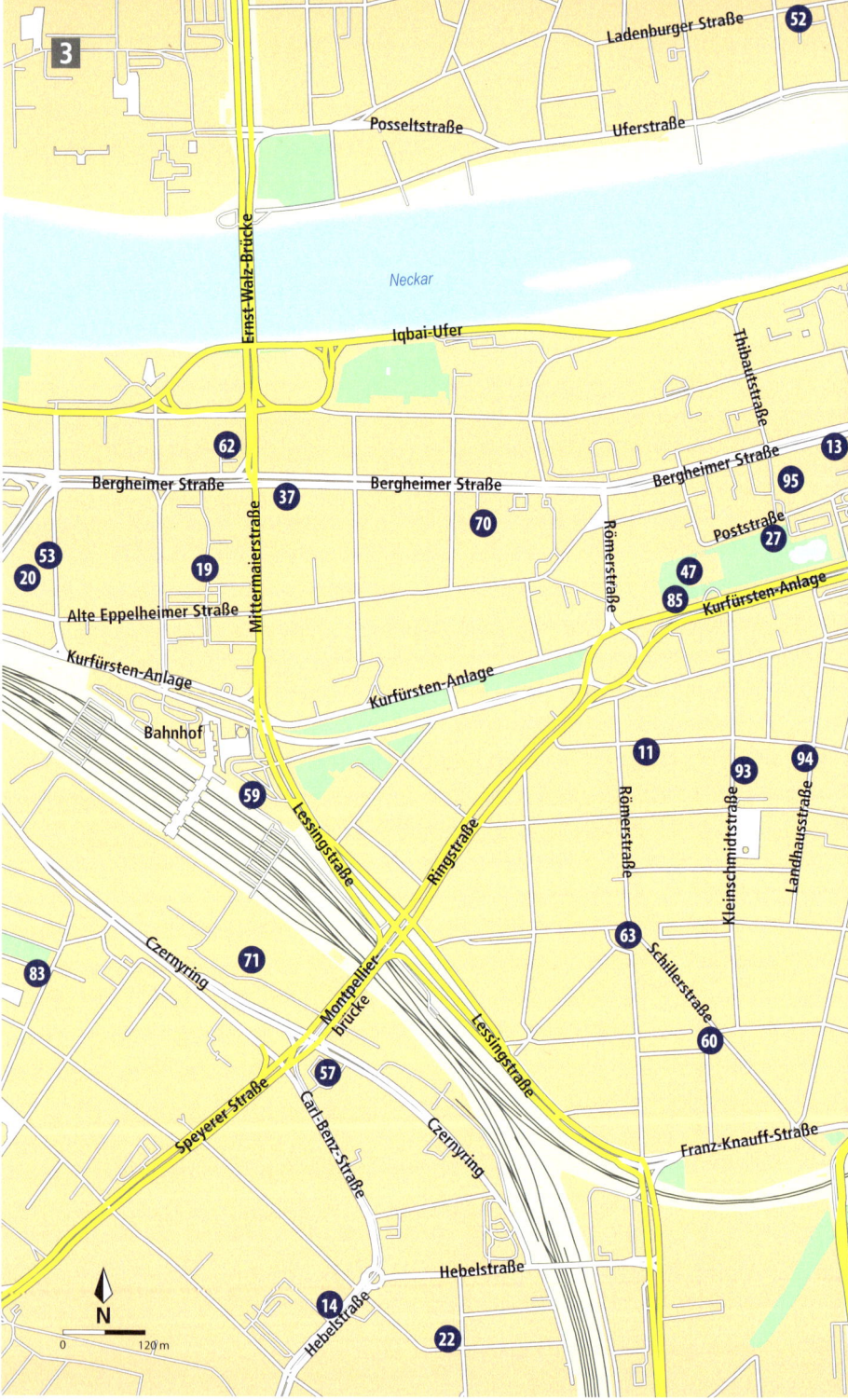

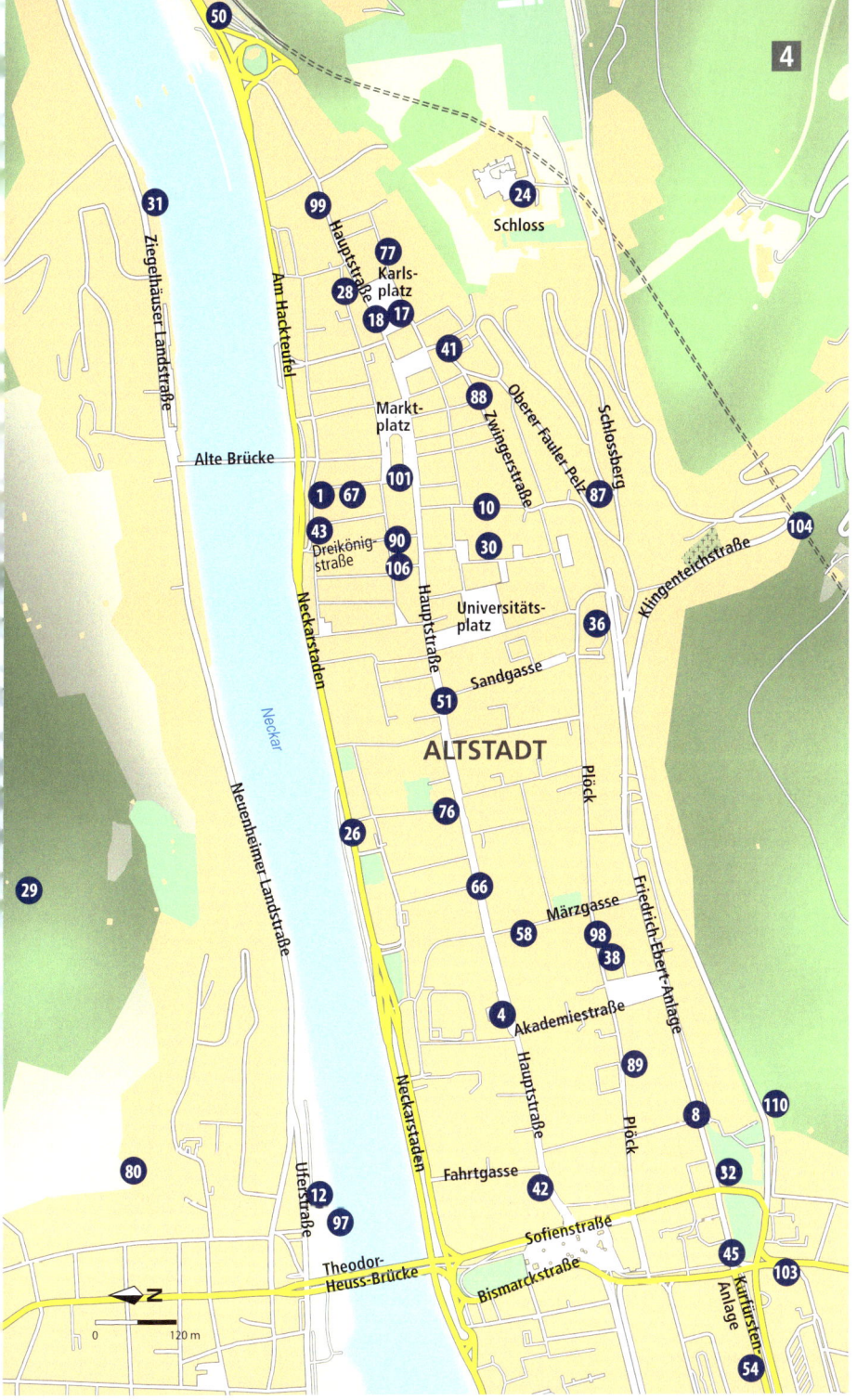

Alexandra Schlennstedt,
Jobst Schlennstedt
111 Orte an der Ostseeküste Mecklenburg-Vorpommerns, die man gesehen haben muss
ISBN 978-3-95451-332-1

Floriana Petersen
111 Orte in San Francisco, die man gesehen haben muss
ISBN 978-3-95451-750-3

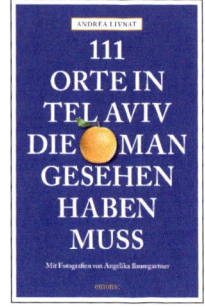
Andrea Livnat,
Angelika Baumgartner
111 Orte in Tel Aviv, die man gesehen haben muss
ISBN 978-3-95451-703-9

Oliver Schröter, Falk Saalbach
111 Orte in Zürich, die man gesehen haben muss
ISBN 978-3-95451-538-7

Cornelia Lohs
111 Orte in Bern, die man gesehen haben muss
ISBN 978-3-95451-669-8

Giulia Castelli Gattinara,
Mario Verin
111 Orte in Mailand, die man gesehen haben muss
ISBN 978-3-95451-617-9

Cornelia Ziegler,
Chris Sindermann
111 Orte auf Kreta, die man gesehen haben muss
ISBN 978-3-95451-540-0

Dorothee Fleischmann,
Carolina Kalvelage
111 Orte an der Costa Brava, die man gesehen haben muss
ISBN 978-3-95451-561-5

Jo-Anne Elikann
111 Orte in New York, die man gesehen haben muss
ISBN 978-3-95451-512-7

Alexandra Schlennstedt,
Jobst Schlennstedt
111 Orte in Lübeck, die man gesehen haben muss
ISBN 978-3-95451-564-6

Alexandra Schlennstedt,
Jobst Schlennstedt
111 Orte an der Ostseeküste, die man gesehen haben muss
ISBN 978-3-89705-824-8

Rüdiger Liedtke,
Laszlo Trankovits
111 Orte in Kapstadt, die man gesehen haben muss
ISBN 978-3-95451-456-4

Gerd Wolfgang Sievers
111 Orte in Venedig, die man gesehen haben muss
ISBN 978-3-95451-352-9

Vito von Eichborn
111 Orte zwischen Lübeck und Kiel, die man gesehen haben muss
ISBN 978-3-95451-339-0

Petra Sophia Zimmermann
111 Orte am Gardasee und in Verona, die man gesehen haben muss
ISBN 978-3-95451-344-4

Marcus X. Schmid,
Halûk Uluhan
111 Orte in Istanbul, die man gesehen haben muss
ISBN 978-3-95451-333-8

Christiane Bröcker,
Babette Schröder
111 Orte in Stockholm, die man gesehen haben muss
ISBN 978-3-95451-203-4

Oliver Schröter
111 Orte für echte Männer, die man gesehen haben muss
ISBN 978-3-95451-228-7

Alexandra Schlennstedt,
Jobst Schlennstedt
111 Orte in Ostwestfalen-Lippe, die man gesehen haben muss
ISBN 978-3-95451-109-9

Annett Klingner
111 Orte in Rom, die man gesehen haben muss
ISBN 978-3-95451-219-5

John Sykes, Birgit Weber
111 Orte in London, die man gesehen haben muss
ISBN 978-3-95451-117-4

Alexandra Schlennstedt,
Jobst Schlennstedt
111 Orte in der Lüneburger Heide, die man gesehen haben muss
ISBN 978-3-95451-844-9

Susanne Thiel
111 Orte in Madrid, die man gesehen haben muss
ISBN 978-3-95451-118-1

Dirk Engelhardt
111 Orte in Barcelona, die man gesehen haben muss
ISBN 978-3-95451-066-5

Stefan Spath
111 Orte in Salzburg, die man gesehen haben muss
ISBN 978-3-95451-114-3

Ralf Nestmeyer
111 Orte in der Provence, die man gesehen haben muss
ISBN 978-3-95451-094-8

Peter Eickhoff, Karl Haimel
111 Orte in Wien, die man gesehen haben muss
ISBN 978-3-89705-969-6

Bernd Imgrund,
Britta Schmitz
111 Kölner Orte, die man gesehen haben muss
Band 2
ISBN 978-3-89705-695-4

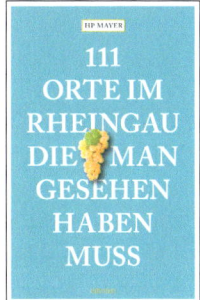

HP Mayer
111 Orte im Rheingau, die man gesehen haben muss
ISBN 978-3-95451-918-7

Lucia Jay von Seldeneck,
Verena Eidel, Carolin Huder
111 Orte in Berlin, die man gesehen haben muss
ISBN 978-3-89705-853-8

Rüdiger Liedtke
111 Orte in München, die man gesehen haben muss
ISBN 978-3-89705-892-7

Lucia Jay von Seldeneck,
Verena Eidel, Carolin Huder
111 Orte in Berlin, die man gesehen haben muss
Band 2
ISBN 978-3-95451-207-2

Bernd Imgrund,
Britta Schmitz
111 Kölner Orte, die man gesehen haben muss
Band 1
ISBN 978-3-89705-618-3

Lust auf mehr? Laden Sie sich die »LChoice« App runter, scannen Sie den QR-Code und bestellen Sie weitere Bücher direkt in Ihrer Buchhandlung.

Danke

Danke an alle Heidelberger, die mir ihre Lieblingsorte verraten haben. Danke an alle, die ihre Türen geöffnet und etwas von sich und ihren Orten erzählt haben. Danke an die Liebhaber der Region, die schon vorher etwas über diese Orte geschrieben haben – vor allem die Heidelberger Geschichtsforscher und die Denkmalpflegerin Melanie Mertens. Ein ganz besonderer Dank gilt den Urheidelbergern Kornelia, Carl Alois, Joe und Stefan Schöbel. Danke an Meike, dass du mir immer neugierig zugehört hast, und nicht zuletzt ein dickes Dankeschön an den Emons Verlag, der die Idee zu dieser schönen Buchreihe hatte.

Der Autor

HP Mayer verliebte sich in Heidelberg auf den zweiten Blick. Die Ärzte der Heidelberger Universitätskliniken retteten 2006 einem Familienmitglied in einem 12 Monate dauernden Prozess das Leben. In dieser Zeit begannen lange Spaziergänge in und rund um die Stadt. Als Fotograf und Autor hat HP Mayer zahlreiche Reisebücher publiziert und in Hunderten touristischen Berichten mitgewirkt. Heidelberg ist für ihn einer der typischsten und gleichsam einer der modernsten Orte Deutschlands. Die Mischung aus »Original Heidelbergern«, Studenten, Wissenschaftlern und Touristen aus der ganzen Welt machen Heidelberg für ihn zur Stadt der Romantik, die man gesehen haben muss.